放養孩子

是為了讓他成為更好的大人

結合蒙特梭利與阿德勒心理學

日本92歲阿嬤的奇蹟育兒法

大川繁子／著

李秦／譯

前言
～幼教資歷60年。在「奇蹟幼兒園」進行的有點奇特的教育～

「這裡就像是『奇蹟幼兒園』呢！」

從全國各地前來視察、參觀與採訪的來賓對我這樣說。有一點感到驕傲的同時……。

「咦？您是92歲的現任保育士嗎？」

好像也會嚇到人家，覺得有點不好意思。

「奇蹟幼兒園」裡的老婆婆保育士※——光看文字是不是有一種故事書裡的魔法師的感覺？

但是，我並不是什麼魔法師（這是理所當然的）。那為什麼都超過90歲了，還繼續

※保育士指的是在日本取得國家資格，從事幼教工作的人員。

在做保育士呢？

如果要說理由的話，首先，我自認為還有很多要學習的地方。幼教這份工作很深奧，我也深受其中的魅力所吸引，所以始終無法放棄。我成為保育士已經有大概60年的資歷，送走超過2800位的畢業生，即使是這樣的我，也不敢說自己能夠做到「幼教的極致」。我只是一邊想著要做更多、學更多，一轉眼已經超過90歲了。每天都覺得學無止盡。

而且，最重要的應該是因為，孩子們實在是太可愛了吧！每個孩子都有自己的個性，而且精力充沛，十分有意思。每年到了畢業季都會覺得「好捨不得啊！」，身為保育士真不該有這種心情。

不好意思，還沒自我介紹。

初次見面，我是大川繁子。

我在栃木縣足利市的「小俣幼兒生活團」擔任主任保育士。也許你會想，幼兒生活團真是個奇怪的名字，不過我們是招收0～5歲幼兒的普通政府立案幼兒園。

我是1927年（昭和2年）出生，今年92歲。

我10歲時，中日戰爭開打，18歲時第二次世界大戰終戰。然後從34歲開始到現在，我在這個幼兒園與許多孩子一起度過美好的時光。我第一次教的孩子們當中，現在如果已經有人有孫子的話，那也不奇怪。「那個調皮搗蛋的孩子已經當爺爺了啊……」實在有點難以想像呢！

不過，這裡的幼教方式會被稱為「奇蹟」，並不是因為我是「92歲的現任保育士」。雖然說我確實多年來都身處於幼教現場，帶過好幾千個孩子，不過我自己並不是擁有什麼特殊技術的奇蹟保育士。

如果真的有可以稱作「奇蹟」的東西，我想，那應該是我們幼兒園特有的教育方法吧。

孩子們在這裡會成長得非~常好。4、5歲的孩子也會有超齡的獨立表現。這就是我的自負。

「小保幼兒生活團」的教育主軸，以一句話表示就是「自由與責任」。

我們希望孩子們在畢業時，可以把心力投入在自己想做的事情上，可以自己思考，有辦法發揮自己的能力（自由地活著的能力），且擁有相對的責任感。

然後希望他們可以胸懷自由與責任，獨立自主。能夠感受到人生的樂趣並享受人生。

我是這麼想的，而且把這樣的想法作為每天的幼教方針。

＊＊＊

我之前說小保幼兒生活團是「普通的立案幼兒園」，但是跟一般的幼兒園相比，其實有許多「有點奇怪」的地方。

首先，園區佔地超過３０００坪。庭園幾乎像一座小山，漫步在其中就可以享受森林浴，也可以做自然觀察。有池塘也有梅園；有燈籠也有聖母瑪利亞像。……有點難以想像吧？像這樣寬敞的庭園中，完全沒有禁止孩子們去的地方。

最原始的幼兒園校舍，是大川家原本作為自宅（主屋）使用的古民家，也是孩子們的「第二個家」。

它是黑船來航的2年前，也就是嘉永4年（１８５１年）時的建築，已建約１７０年，同時也是足利市的國家有形文化財（大川家在足利以織物之地聞名以前，很早很早之前就在經營織物與線稠產業）。

這樣的環境的確是很特殊。

不過其實我們所進行的幼兒教育才是「有一點奇怪」的地方，那就是培育孩子「自由地活著的能力」。

【不需要大家一起】

0～4歲的孩子沒有「全班一起做同一件事的時間」，每一個人都可以做自己想做的事情。就連最年長的5歲孩子，一天中也只有1小時是跟大家一起做同樣的事。

【自己的事情自己決定】

營養午餐是自助餐的形式，自己要吃多少量由自己決定，並且自己盛在盤子上。就算是午餐時間，如果有其他想做的事情，那不吃也可以。

【不強行要求孩子睡午覺】

午睡時，如果經過20分鐘了還是睡不著的話，那也可以起來，自己去玩。

【規則由孩子自行決定】

幾乎沒有保育士自己訂的規則。規則都與孩子們一起討論後決定。

【不命令孩子】

當我們希望孩子做什麼事情的時候，保育士會說「可以幫我～嗎？」，絕對不會說「請你做什麼」或「去做什麼」。

……雖然只是一部分的例子，是不是有一點奇怪呢？

我們常常開玩笑說自己是「放養式幼兒園」。因為保育士不會去指示孩子，也完全沒有任何課程。孩子來到幼兒園之後，大家都是做自己喜歡的事。你想要一整天玩一樣的遊戲，可以；就算你要玩一整個禮拜，我們同樣也讓你玩。

這讓人覺得很不可思議，忍不住擔心「幼兒園不會因此缺乏秩序、亂成一團嗎？」，對吧？

也是因為這樣，來參觀的人才會這麼說吧。

「這裡真是一所奇蹟幼兒園！」

我們雖然笑稱是「放養」，其實打從心底對這樣與眾不同的幼教方式感到驕傲。

從準備去上班的爸爸媽媽們把孩子帶來幼兒園，並對孩子說「那我去上班囉！」，到下班後來接孩子的這段時間，我們都教育著孩子。**這是很棒的「早期教育」**，**我們有自**

信這麼說。

* * *

我們的幼兒教育基礎，是來自於「蒙特梭利教育」與「阿德勒心理學」的思考模式。最近有許多關於蒙特梭利教育與阿德勒心理學的書出版，也有開辦許多相關的教養讀書會。應該有很多家長至少有聽過名字吧。

大略上來說，蒙特梭利是以身心障礙教育為淵源，為培養「獨立自主的人」而發展出來的教育方法（或是教育理念）。大人們不會獨斷決定孩子們該做的事，會注意言行，不隨意插手或插嘴，為啟發孩子的能力，必須貫徹協助者（援助）的角色。

另外，在阿德勒心理學中，大人與孩子必須是「對等」的立場。並不是活得比較久地位就比較高，所以也不應該命令或責罵孩子。你當然不能斥責他們，但也不需要特意稱讚（做出評價）他們，只需要認可並尊重孩子即可。

我們從30年前開始導入蒙特梭利教育，阿德勒心理學則是在20年前開始的。應該都是在兩者普遍受到世間關注以前就開始了。我們對這兩者的理念「各取所長」。

＊＊＊

究竟為什麼我們幼兒園會想要採用蒙特梭利教育呢？

小保幼兒生活團是我婆婆大川奈美在昭和24年（1949年）創立的幼兒園。成立的隔年，因為園中還需要一位有證照資格的保育士，因此這個任務就落在我的身上。

那時，我對於幼教領域並沒有那麼大的興趣，但是「婆婆的話是絕對的」。所以剛生完小孩的我就揹著次男，一邊哄小孩一邊唸書，總算在那年通過考試。

在那之後的一段時間我都只是掛名的狀態（以前很多規定都沒有那麼嚴格），等孩子們上國中後，我才真的進入教育現場。雖然是30歲過半才開始，但是一旦跟孩子們相處後便欲罷不能，很快就一頭栽了進去。

一直以來都是採用一般幼教方式的小保幼兒生活團，在婆婆過世後迎來轉變的契機。喪禮時，幼兒園的理事長這樣對我說：

「請繁子小姐繼續擔任主任保育士，園長的職務就交給真先生吧！」

「什麼？阿真當園長!?」

我很驚訝，因為次男阿真從大學工學系畢業後就繼續研讀設計，當時25歲才剛畢業，對於幼教完全是一無所知的素人。

但是，有一次阿真在幼兒園裡閒晃時，看到一位資深的保育士在昏暗的房間裡責罵不願意睡午覺的孩子，他就不小心脫口而出：「只是沒有睡午覺而已，沒必要罵他吧！」結果被對方嚴正地駁斥：「請不要在孩子面前糾正我！」保育士說的話是對的。

但是這件事也成為園長認真思考幼教方針的契機。

「我不想繼續這樣的幼兒教育，這種方式絕對有問題。」

他這麼想著，並且在附近的幼兒園與托兒所考察，結果發現每一間幾乎都是相同的模式。但是他並沒有放棄，而是參考國外的做法，於是便接觸到蒙特梭利教育。

「我一直在找的幼教方式就是這個！」

他立刻就向日本蒙特梭利教育的始祖赤羽惠子老師拜師，並且熱心地學習。

然而園長並沒有保育士的證照，就算強行推廣自己的理念，資深的保育士們一定也會頗有微詞。就連我也受到制式教育的影響，對兒子的理念半信半疑。

因此，園長想到一個方法。他每年送一位保育士去京都參加赤羽老師的蒙特梭利教師培訓課程。

之後大概經過了7、8年，可能是全體人員都已經有研修的經驗了，保育士們說：「園長，我們來做蒙特梭利的自由教育與混齡教育吧！」我也嚇了一跳。園長隱藏著喜悅之情回答：「嗯，可以啊。」

從此，小保幼兒生活團便煥然一新。園長，我的兒子真是一位策士啊！

之後又過了10年，園長接觸到阿德勒心理學，他受到強烈的啟發，於是便師事野田俊作老師，他是將阿德勒心理學引進日本發展的第一人。

因此，在我的保育士人生中，有一半是採用一般的幼教方式，另一半則是採用現在的幼教方式。當然，最初的30年也是認真努力過來的，也感到十分愉快。

但是我現在已經無法回頭採用以前的幼教方式了。

因為孩子們的表情和他們的成長都截然不同。

＊＊＊

令人感動的是，小保幼兒生活團的孩子們中，有很多人的媽媽都非常有熱忱，一心想讓孩子們進這所幼兒園。也有很堅強的媽媽為了讓孩子讀這裡，而不惜特地搬來附近，讓爸爸自己一個人在外地工作。

讓孩子來這裡的父母多半是打從心底理解我們的教育方針，所以20年來都沒有被投訴過。甚至連行政機關的人員都很訝異，因為這在幼保的世界裡幾乎是不可能的事。

另外，我也很詫異前來視察的貴賓們竟然絡繹不絕。我們並沒有特意展示什麼（我們沒有網站也沒有做手冊），也覺得有點不好意思：「真的有什麼值得看的東西嗎？」

尤其是托育相關單位、大學教授和他們的學生等，各式各樣的人都來到我們的園所參觀，這讓我感到相當震撼。

但是最讓我覺得開心的是，保育士們在日誌中所寫的：「可以實現這樣的教育真的很幸福。」**用對等的立場與孩子們相處，孕育出孩子自由地活著的能力，這樣的教育方式連大人也會感到幸福**。我想大人的這種心情也會傳達給孩子。

而且因為在這裡工作很幸福，完全沒有人辭職。就算辭職也很快又回來工作崗位。有段時間也因為沒人辭職，所以保育士的平均年齡不斷升高，這還真困擾啊！

確實，保育士的平均執勤年數為7．6年，任職於私立幼兒園的保育士離職率為12%，因此這也可以說是我們「有一點奇怪」的地方。

（參考資料：https://www.mhlw.go.jp/file/05-Shingikai-11901000-Koyoukintoujidoukateikyoku-Soumuka/s.1_3.pdf）

＊　＊　＊

這次，有人向我詢問：「要不要把大川老師的經驗寫成書呢？」我煩惱了一下，到底有什麼可以分享給大家？

後來我想到了，只要把讀者想成是孩子們的爸爸媽媽就可以了。我想我可以分享一些，我跟在這裡工作的保育士們為了培育孩子「自由地活著的能力與責任感」，在不斷嘗試中得到的挫折與經驗，以及我們的理念，這樣一定可以幫助到某些人。

因為**只要有「自由地活著的能力與責任感」，不管是怎樣的孩子、在怎樣的環境裡，都可以幸福地生活**。可能在不只是超過90歲的我無法想像，連家人們也無法想像的世界裡，孩子們都可以於各自的環境中，帶著自己的個性，充滿笑容地生活著。

感謝正在看著這本書的爸爸媽媽。

這本書也許會被稱作是「育兒書」，但是呢，請你先放鬆肩膀。因為它並不是要讓孩子成為符合大人期待的好孩子或優秀的孩子，不是那種目標成為「優秀的人」就「非怎麼做不可」的書。

我會在書中分享我們幼兒園歷代孩子們的故事（不是我自賣自誇，我們幼兒園的孩子真的都很可愛），並且告訴你「適合那樣的孩子成長」的陪伴方式。

大家可能在無意識中，都被「非怎樣不可的育兒方式」綁住了，但是一旦放棄這種想法，你會感到很輕鬆，也會變得更積極。不管是小皮蛋、小任性還是小怪胎，都可以正面對待。

這本書裡彙整出5大主題，送給正在育兒的爸爸媽媽們，也就是「培養自由地活著的能力」、「溝通對話」、「發展幸福的三角形」、「來自父母的疑問與對話」與「女性的人生」。願你可以一邊想著自己可愛的孩子，一邊以溫柔的心閱讀這本書。

我自己也有3個孩子，但是育兒過程都是在摸索中度過，也有許多失敗的經驗。如果我說是失敗的經驗，孩子們可能會不高興吧？但事實上我也曾經訓斥過他們，也有束手無策的時候。有很多覺得自己對不起他們的地方。

不過，我想也是因為有這些後悔，我才能更貼近各位父母的心情。

「教養孩子很簡單啊！我育兒的過程很順利，大家都成為成功人士了。」

如果是這樣的人，應該無法了解各位父母的煩惱吧！

因為是我說的，所以沒有問題。每個孩子都能順利成長。

每個孩子天生都具備著滿滿的「自由地活著的能力」，讓我們一起快樂地幫助他們成長吧！

目次

第2章　希望家長可以遵守的溝通守則

第3章　趁孩子還小時，為他們建構幸福的三角形

第4章　看過2800個孩子的我想傳達的「育兒祕訣」

第5章　關於一個「母親」的人生，我想告訴你的事

編輯協助　田中裕子（batons）
照片　疋田千里

第1章

培養「自由地活著的能力」

與其成為了不起的人，不如成為能讓自己的花盛開的人

首先該從何說起呢？就從入園參觀及入園典禮時，我們向家長們傳達的內容開始吧！也就是我對孩子們的期許。

大家一定都很疼愛且重視自己的孩子。希望他們擁有美好的人生，過得幸福快樂，不要走辛苦的路。我想你們都是這麼想的，這也是天下父母心。

但是生活中充斥著各種關於育兒的情報，想必大家已經聽了很多。

所以有不少家長為了「讓孩子幸福」，十分熱中於孩子的教育，希望孩子成龍成鳳。

比方說，我們向前來參觀的爸爸媽媽說明：「我們幼兒園是採用蒙特梭利的教育方式。」

他們就會很積極地說：「所以你們的目標是培育出像國外實業家那樣優秀的人才

吧？」「也就是說，你們很注重早期教育對吧！」等等。

但是，雖然會背叛這些父母的期待，我還是要說我們並沒有這樣的目標。因為不需要每個人都成為很了不起的大人。就像92歲的我，也完全不是什麼優秀的人，可是我過得很幸福。

我的目標並不是教育出「優秀人才」。**我的教育理念是讓每一個孩子可以發揮出他們擁有的才能與力量。**

有一首詩可以完全表達出我的想法。這是在小保幼兒生活團所在地栃木縣足利市出生的，相田光男先生所寫的詩。

在他眾多作品中，這首詩可以說是我幼教生涯的座右銘。

「無名的小草也會結果，綻放生命開出屬於自己的花。」

（節錄自《畢竟是人》中「自己的花」）

不覺得這就是幸福最極致的形式，也是孩子們該有的姿態嗎？

不需要每個人都開出最鮮豔、最大朵，最引人注目的花。

而是不管什麼形狀、什麼顏色，只要能夠以自己的力量開出屬於自己的花就可以了。

即使是又小又普通的花，如果能讓某個駐足欣賞的人心裡得到一點溫暖，那不就是最棒的事了嗎？至少我是這麼認為的。

育兒中最令人難過的，是孩子開出滿天星的花，父母卻認為「不應該是這樣的啊！我要把這孩子栽培成玫瑰花！一定要開玫瑰花！」，也就是否定孩子。

當然，鼓勵孩子、輔助孩子，讓孩子發揮自己的才能是身為大人的責任。

只不過，孩子並不一定要有多優秀、賺很多錢，或是做了什麼大事才算了不起。更何況這些也不代表就是「育兒成功」。

我一直以來都想**找出孩子自己的花的形狀，以及讓花盛開的方法——也就是找出他們的個性**。

我認為真正的不幸並不是無法成為「厲害的人」，而是一味追求標準的「厲害的人」的形象，卻否定真正的自己，不願意肯定自己，而且一生都沒有機會發揮自己的才能。

我目送超過2800名的畢業生，而遺憾的是，在這之中也有因為意外或生病而早逝的孩子。

也許正是因為我知道有這樣的孩子，所以才會真切了解到平凡幸福的珍貴——找到自己的花，並以一己之力使它盛開。

眼前的孩子只要能帶著笑容活著，那就是最美好的事。

大家不要太不知足了。

不管年紀多小的孩子，都會表現出他們的個性

大家應該很常聽到「育兒沒有正確答案」這句話吧？因為孩子們是充滿個性的存在。在幼兒園中也可以看到每個孩子各種不同的姿態，有一些有趣的地方，也有一些值得學習的地方。

有一次在一個2歲孩子的班上發生了一件事。

小花發現繪本的內頁不知道被誰用色鉛筆亂塗鴉了。

接著她說：「要擦掉才行！」然後開始用橡皮擦擦掉塗鴉。

而小桃看到後說：「那是小和畫的！壞壞！」然後對小和說：「不行畫在這裡。你是笨蛋！」用強烈的語氣責怪小和。

被罵的小和便開始激動地大哭：「媽媽～～～」

哎呀這該怎麼辦呢？保育士繼續觀察他們，這時也是愛哭鬼的小愛說：「小和過

來。」然後把他帶到房間的角落，說：「你的名字是什麼？」開始了訪問遊戲。小和雖然還在哭，還是回答：「小和。」

保育士觀察到小和因為訪問遊戲而冷靜下來，便說：「用這個可以擦掉喔！」把沾有研磨劑的海綿拿給小和。接著，保育士對拚命擦乾淨的小和說：「太好了！」小和也回答：「嗯！」

後來大家就像什麼事也沒發生過那樣，回到了原本的狀態。

就像這樣，**遇到同一件事情時，孩子們也會因為不同的個性而做出完全不同的反應。**

發現塗鴉，率先打算擦乾淨的小花。

說話很強勢，但是也很有正義感的小桃。

而小愛的反應更是一絕，因為有她溫柔的療癒力，才讓小和對自己做的事情負責。

每個孩子都有自己的思想，並且努力把它表現出來。我在保育士的日誌中看到這段小插曲，2歲的孩子就已經在發展各種個性了，讓我十分感動。雖然身體還那麼嬌小，卻已經在綻放各自的花朵了。

常有人說女孩子的語言能力發展得比較早，男孩子比較愛撒嬌等等。也許的確有這樣子的傾向，但絕不是「非這樣不可」。因為每個人都不分性別與出生月分，擁有很棒的個性。

在我認識的2800個孩子當中，沒有一個人用相同的方式長大。**當你聽到一些育兒常識時，只要像「原來也有這種說法啊」這樣聽過，並接收一半就好了**。比起這些常識，你可以好好感受眼前這個孩子充滿活力的個性。

2 因為教育是「很可怕的東西」

雖然我一直把保育工作（也就是「保護」與「教育」幼兒）當成我畢生的志業，但是我打從心底覺得「沒有比教育更可怕的東西了」。

我的孩提時代是在戰爭中度過的，隨著成長，戰爭越演越烈。學校越來越常停課，農務增加，也必須去軍需工廠工作。雖然很辛苦，但是父母跟老師都說「這是為了國家喔」，所以也就這樣接受了。

我在學生時代還有練習竹槍，當時認真地覺得：「美軍打來的時候，要用這個來對付他們。」因為日本打的是正當的戰爭，所以一定會贏，我們也必須幫忙助陣！當大家一邊喊著「呀～～！」，一邊刺出竹槍時，還被罵：「太小聲了！音量這麼小要怎麼打敗美軍！」於是，我們也就更賣力地吶喊，現在回想起來真的很蠢。

那時候完全被洗腦了。雖然自己這樣說有點不好意思，但我一直以來都是優等生，比別人更認真唸書，也比別人更認真當個軍國少女。

也因為這樣，在戰爭結束、洗腦解除後，我驚覺「教育真是可怕的東西啊……」。大人將自己的想法強行灌輸給孩子的話，孩子很容易就會被影響。因此我在心裡決定，從今以後對事物都要抱持懷疑的態度，傾聽多方意見，並且培養自己判斷事情的能力。

之後，我結婚並嫁到了栃木縣的大川家。當我要開始從事幼教工作時，我認為必須將這份信念謹記在心。應該引導孩子活出自己原本的樣子，而不是上面的人說什麼都回答「好的，我知道了」，要自己思考，有自己的主見才行。

這正是為孩子培養出「自由地活著的能力」吧！

將大人認為的「正確答案」強加在孩子身上，不是也跟軍國主義差不多嗎？自由應該是比什麼都還要高尚尊貴的東西。

首先父母必須先培養判斷力

要將孩子送去完全沒有制式課程的「放養式幼兒園」，偶爾會有一些父母在心裡感到不安，心想：「完全不學習真的沒問題嗎？」實際上，也有孩子提前退學，轉入其他才藝導向的幼兒園。而且父母似乎覺得對我們不好意思，是偷偷轉學的……。

我要說的是，這如果是家長的判斷，我絕對不會反對。爸爸媽媽認真思考自己重要孩子的事情，並且自己做決定的話，那是十分有價值的事。

比方說，有些媽媽非常信任、依賴我，只差沒有對我說出「大川老師，請告訴我所有的育兒祕訣吧！」。在地方上也有傳言，認為繪本相關的事要請教大川老師。所以我很常被問到「這孩子要讀什麼繪本比較好呢？」。

因為我年紀大、資歷較深而詢問我的話，我也覺得很開心，便會幹勁十足地說「交給我吧！」。

但是，最後決定孩子事情的還是父母。

大家不能總是說「好的，我知道了」。

所以，當推廣教材的業務們拿來許多教材與繪本時，我們也會向父母傳達「這並不代表是我們幼兒園推薦的喔！」，然後發給家長。我們不會去做篩選，要判斷這個教材是否適合孩子的人，應該不是我，而是各位爸爸媽媽。

如果我對某位媽媽說「請妳這樣做」、「請妳給孩子看這個」，即使是正確的，但是不管過了多久，這位媽媽還是不會培養出「當媽媽的能力」。也就是無法從我身邊獨立。

倘若父母希望孩子擁有「自由地活著的能力」，但是自己卻沒辦法自由地過生活，那不是很奇怪嗎？

每兩個月一次，我會給家長一封名為「瑪利亞之丘通信」的信（雖然最近有點偷懶）。

每年的第一封信我都會向身為「育兒夥伴」的爸爸媽媽們傳達，當你覺得「好怪？」、「為什麼？」的時候，請不要有所顧慮，立刻說出來。因為這是育兒過程中很重要的事情。

當你思考「這是怎麼回事？」時，假如無法自行判斷，可以跟周遭的人討論。請你得出一個，作為孩子的父母親，能夠接受的答案。

當然，在這本書中，我所說的話全部都只是一種意見，不過是一點點提示罷了。請你不要全盤接受，而是一邊閱讀一邊思考「是這樣嗎？」。

也許有時候你會覺得「我不認同！」，這樣也很好。這樣就對了。

讓孩子做想做的事情直到心滿意足吧！

為了培養孩子「自由地活著的能力」，我們採用「自由教育」的方法。沒有「全班一起來做～吧」或是「現在是一起做～的時間」等等設定，而是每個人可以自由做自己想做的事情。

每天從早到晚，每個孩子都各自做想做的事情，玩想玩的遊戲。喜歡一個人玩就默默做自己的事，喜歡大家一起玩的孩子則會呼朋引伴。遊戲時保育士不會在中途突然介入，也不會強行結束遊戲。

這是受瑪利亞．蒙特梭利「孩子有他的敏感期」這句話啟發而產生的概念。敏感期就是「我想要做這個！」的強烈想法出現的時期。在蒙特梭利教育的理念中，**不應該打擾敏感期的孩子，而是讓他專心做想做的事情，直到心滿意足為止**。

針對什麼？什麼時候開始？每一個孩子的敏感期完全不同。

有一個1歲的孩子，為了做出不會散掉的泥巴球，從早到晚都在沙坑做實驗。

有一個3歲的孩子，看到5歲的哥哥在單槓上轉圈後，自己也想要做到，於是每天都在練習。

有一個5歲的孩子，學會摺紙鶴的方法之後，持續好幾個禮拜都在摺紙鶴。

不論持續幾個小時，不論持續幾天，都在重複做同一件事。一直專注在這件事情上，直到達成某個目標，並且得到滿足，然後又會再進入另一個敏感期。他們認真專注的模樣，就算是個孩子也十分帥氣。

每一個孩子都有自己的敏感期。

如果遵循大人按表操課的方式，強制決定「接下來是音感律動的時間」、「現在是體能課的時間」，那孩子當然無法進入狀況，也無法專注投入其中。

「我的隧道就快完成了說，好想趕快回去沙坑。」

「我想看繪本，可是現在卻要跟大家一起唱歌，好無聊喔！」

……大家小時候是不是也有這樣的回憶呢？

好不容易進入敏感期，機會卻像這樣被摧毀，實在是很可惜的一件事。

敏感期就是可以看出孩子對某件事情非常執著的時期。

這是在成長過程中，發展某個領域的能力時，不可或缺的階段。因此，請不要把孩子的這份執著誤以為只是在要任性。

敏感期只有在這個階段才會出現，它建構一個人的基礎，對孩子的成長來說非常寶貴。

所以，請先肯定孩子們的需求。

享受當下的孩子，能力將有所提升

我之前說我們幼兒園裡的孩子可以做自己想做的事，玩想玩的遊戲，但是升上最年長的5歲班（小藍班）就不一樣了。每天會有1個小時，大家一起做一樣的事，這稱為「設定教育」。

內容是事先決定好的，由我負責帶音感律動（Dalcroze eurhythmics，一種以音樂與歌曲即興發揮的音樂教育法，請想像類似彈鋼琴進行律動遊戲的感覺。將聽鋼琴樂聲所感受到的心情或故事，用自己的方法表現出來。自由發揮的方式正是其魅力所在），以及說故事（不使用圖片，直接講述故事。孩子們單純藉由聲音在腦海中描繪故事情景），分別採取一週1次、一個月1次的方式進行。

其他的時間要做什麼就是個人的自由。像上禮拜五，孩子們興奮地跟保育士討論著夏日祭典的計畫。

「我也想要跟去年的小藍班一樣做神轎！」
「這樣啊，那要什麼時候做神轎呢？」
「星期一跟星期二！星期三想要踢足球！」
類似這樣。

雖然不是一定要做，保育士心裡還是會有一些想讓孩子進行的年度活動計畫，像是種田、聖誕節活動、節分活動等等。但是孩子大多會記得去年看到「他們崇拜的小藍班」進行的活動，所以也會要求：「我想做一樣的事！因為他們看起來很開心！」保育士也就順水推舟地回答：「那就來做吧！」

為什麼只有5歲孩子有「設定教育」的時間呢？

首先，因為5歲的孩子與0～4歲的孩子不同，會有「想要跟大家一起做什麼」的心情，也會有享受些許刺激感的渴望。

還有最重要的是，必須準備迎接即將到來的國小生活。這時候需要花一點時間，告訴原本可以盡情遊玩的孩子「先把想做的事情放一邊，我們先配合大家的步調」。

我們的幼兒園生活跟一般的國小生活大相徑庭。我聽說就算是一般的幼兒園，要上小學的時候都需要適應，而我們的幼兒園又更加「與眾不同」了吧。

所以每年我們的孩子準備升小學，要遞送申請書時，我們都會說：「我們的孩子可能會造成貴校諸多困擾，不好意思請多多包涵。」

當然，到了要畢業的時候，我們也會交代孩子「國小是讀書的地方喔！」、「讀書的訣竅就是認真聽老師的話」等等。

但是，與受過嚴格幼兒教育、協調性較高的孩子相比，我們的孩子在行為表現上還是會有點格格不入。不過這也是沒辦法的事，所以只能先道歉。

萬幸的是，每個小學都會這樣跟我們說：

「哪裡哪裡，沒問題的。因為小俣的孩子們升上5年級的時候，都會飛躍性地成長喔！」

確實，剛上1年級時，要跟那些在幼兒園時就在練習寫作文的孩子，以及已經在補習班學過英文的孩子們一起在教室上課，的確會很辛苦。

不過在起跑點的落差會逐漸縮短，而且在開始意識到即將升上國中的時候，小俣的孩子更會有飛躍性的成長。小學老師們都說：「每年都很期待他們的表現呢！」

這些鼓勵的話真的很讓人開心。當孩子自己說「我準備好了，開始吧！」、「我想要做」等等，像這樣自己下定決心時所爆發出來的能量是十分強烈的。我擅自覺得，也許正是因為孩子們在幼兒園生活時，已經積蓄了足夠的重要能量。

在幼兒園時期經常會被當作「問題兒童」的小花，總是坐不住，無法安安靜靜地聽繪本故事，但是上了國中以後，她自己想要學英文，情況便有了重大的轉變。

足利市的國中生，有前往姐妹市美國斯普林菲爾德寄宿家庭的制度，當時小花成為學校代表，之後更當上了團體代表。現在的她還想要更加精進英文，高中在基督教學校認真地學習中。

就算是從完全沒有英文課程的幼兒園畢業，當小花本人覺得「我想要學」的時候，就會自己開拓出一條道路。從她的故事我再次學到：就算小時候不是大人認為的優等生或是好孩子，就算沒有上課讀書，只要培養自由地活著的能力，也能綻放出美麗的花朵。

我認為**孩子在小的時候不需要填鴨大人認知的那種「教育」**。更重要的是**要盡可能**

地讓他們累積熱中於自己有興趣的事物的經驗。

我相信這種經驗的累積在長大成人以後，當找到自己真正熱中的事情時，便會成為很重要的能量。

創造孩子「想要學習」的環境，考驗了大人的技巧

最近被國小老師說：「請你們讓孩子在入學前學會寫自己的名字。」

按照規定，原本是上小學後才會教平假名。

但是進度超前的幼兒園不要說名字了，老師還會讓孩子寫作文呢！如果不會讀寫自己的名字，不但老師覺得困擾，孩子也會感覺自己差人一等。

於是，我們也必須在畢業前讓孩子學會寫自己的名字……但是我們不會突然說「好，現在是練習寫自己名字的時間喔！」，所以只能製造機會。

只要製造機會，孩子自然可以學會自己的名字，至少也會有想要學習的動機。

雖然我說要製造機會，但也不是什麼大工程。

我們從3歲的班級開始，孩子早上來上學時會先做一個「工作」，也就是用安全別針把名牌別在自己身上。我們一開始會先教他們「這是你的名牌喔！」，雖然他們還搞不清楚狀況，但是默默就會記住自己名字的形狀。在每天重複的過程當中，到了4歲時便可

以完全理解這是「自己的名字」。之後就會自己說「大川老師，我想要寫自己的名字」，這樣就可以教他們寫了。

說到底，教學這件事必須是孩子自己主動「想要學」才會啟動，所以我們不會強迫他們學。

在他們自然萌生「想要學怎麼寫名字」之前，只能靜靜等待。

……雖然我們是採取這樣的方針，但是有一年，一個叫小昌的孩子不論升上4歲班還是5歲班，都對文字沒有興趣。眼看就要畢業了。

準備好環境，孩子卻沒有「想要學」的動力，那是因為還不到時候。我們也不想勉強他坐到書桌前，但是想到小昌上小學後一定會很辛苦，我還是絞盡腦汁想辦法。

改變這個狀況的是「摺紙」。

園長很擅長摺紙，孩子們總是圍著他說：「園長老師請幫我摺獅子！」「請教我摺企鵝！」

有一天，小昌也想要請園長摺大象，但是園長剛好有事，就跟小昌說：「你先在色紙上寫你的名字跟想要摺的動物，不然我會忘記。」

小昌理直氣壯地回答：「可是我不會寫字。」

園長又說：「那你請老師或朋友幫你寫吧！」小昌回答「我知道了」以後，開始尋找會寫字的朋友。

來來回回幾次之後，小昌突然發現一件事。

「學會寫字的話好像很方便！」

於是他衝過來找我，說：「大川老師，我想寫名字！」

我心想，小昌終於對文字產生興趣了，心裡的石頭終於落下。教小昌寫名字後，他對文字越來越感興趣，不斷產生學習的欲望，之後不到一個禮拜，他就學會全部的50音了。孩子的動力真是驚人！

在小昌自己想學文字之前，不管怎麼跟他說「會寫自己的名字很方便喔！」，他大概也聽不進去吧。

重要的不是從頭到尾幫孩子打點好學習的方式，而是製造出讓他覺得「我想要學！」的機會與情境。

因此，如何創造出能夠激發孩子學習動力的環境，就是考驗大人功力的時刻。

做決定的是孩子，大人只要提供「做決定時需要的材料」就好

在經歷過孩子沒有生存能力的嬰兒時期之後，不論孩子長到幾歲，父母都覺得他們還是那個「什麼都做不到」的嬰兒。就算2歲了、3歲了，甚至都4歲了，有時候還是會把孩子當嬰兒對待，不自覺就會插嘴或是插手。

但是，**孩子有權利決定與自己相關的事情**。

我們大人的工作就只有提供「做決定時需要的材料」而已。

當然，突然就要孩子「做決定」是有點困難的。

所以一開始可以先從「選擇」做起。

我們在孩子1歲後會開始讓他們做「選擇練習」。

舉例來說，中午吃飯時會拿出兩包濕紙巾，問孩子：「你要哪一包？」雖然兩包濕紙巾都一樣，他們也會做選擇：「嗯……我要那個。」「這個好了！」其他像是「牛奶跟

茶你要喝哪一種？」、「味噌湯要裝多少？」等等，盡量讓他們自己做決定。

還有，要不要散步也是讓孩子來決定。如果孩子覺得「今天沒有心情散步，想在教室裡玩」，那待在教室也可以。

在家裡可以試著讓孩子自己選擇要穿的襪子或衣服等，就算搭配得亂七八糟也請尊重他們。而且這樣不也是很有孩子的特色嗎？

像這樣慢慢累積「選擇的經驗」，漸漸地就可以學會「自己做決定」。

然後，**請不要干涉孩子做的決定**。

比方說，有個女孩決定穿輕飄飄的可愛公主裝去幼兒園。也許家長會覺得只是去幼兒園而已，休閒的穿著會比較好活動吧，而且也比較不怕弄髒。但是如果你命令孩子「把公主裝脫掉，換這件衣服」，等於否定了孩子自己做的決定，孩子也會覺得很掃興。

不過，這也不代表家長只要同意孩子就好，因為他們還沒有足夠的知識去做決定。

在這種情況下，必須提供孩子「**做出決定所需要的材料**」。

「穿小莉最喜歡的公主裝去幼兒園的話可能會弄髒喔，真的要穿嗎？」父母可以這樣問。如果聽完以後孩子還是說「弄髒也沒關係」，就算你心裡覺得弄髒很可惜，也請默默接受她的決定。

假如到最後她發現「穿裙子好難活動！」、「不想弄髒裙子」，然後重新選擇其他衣服的話，這樣也很好。因為修正軌道能夠成為很重要的經驗。

給一點提示，剩下的「自己思考」

有一次5歲孩子的班級正在練習聖誕活動的歌唱表演，小月模仿我指揮的樣子，胡亂揮舞雙手，大家看到後都笑成一團，沒辦法唱下去……。

這種時候我都會問：

「小月，妳覺得現在要怎麼辦才好？可以自己想想看嗎？」

當然，光是這樣說的話可能不太親切，所以我還會補充：

「指揮是為了讓大家唱歌的速度、節奏可以一樣。如果有兩個指揮的話，大家是不是就不知道該怎麼辦了呢？」

聽了提示以後，接著就讓她自行思考就好。小月歪著頭想了一下，最後決定要一起「唱歌」了。

為了能夠自由地生活，思考能力是不可或缺的。

什麼都沒在想，只是囫圇吞棗地接收別人說的話，在前往自由生活的道路上就會成為阻礙。

所以我總是對孩子說：「自己想想看。」

孩子們一直在做一些大人不希望他們做的事。亂吵亂鬧，雖然也是很可愛啦……。

這種時候如果權威式地喝止孩子的話，也剝奪了他們思考的機會。變成是「因為媽媽說不行，所以只好聽話」。

因此，**需要讓孩子自行思考，自己決定該怎麼做**。

同樣地，過度保護孩子也是剝奪孩子思考機會的主要因素。

「不行！這樣很危險！」「不行！你要這樣做！」

……是不是覺得很耳熟呢？

就算話已經衝到嘴邊，也請吞下去，默默守護他們就好。

當孩子真的遇到瓶頸時，再表現出自己也是突然想到的樣子，給孩子建議：「這樣做是不是比較好呢？」「我也一起來幫忙吧？」等等。

2 培養出可以理解自身狀況的孩子

「思考關於自己的事。」

雖然很少在育兒的場合討論到，但我覺得這是很重要的一件事。

因為**好好面對自己的身體與心靈**，**是健康成長的過程中必要的事情**。

在我們幼兒園中，為了提供孩子「思考自己的事的機會」，2歲以後就會以自助餐的形式提供營養午餐。讓孩子思考自己要吃什麼、要吃多少量，然後自行調整。自助餐是讓孩子了解自己的一種練習。

很多父母會擔心：「老師，我家的孩子沒有吃過自助餐的經驗，真的可以讓他們自己選擇要吃什麼嗎？」但其實不用擔心，每個孩子一開始都會發生很多狀況。有孩子盛太多菜，完全吃不完；也有孩子只選一種菜，但是盛很多。甚至有食量很小的孩子幾乎不吃飯，各種情況都有。

就算面對這種情況，我們也不會對孩子做任何指示。

「今天的量好像有點太多了呢！」
「你很喜歡吃這個吧？但是都被你拿光了，其他的小朋友是不是吃不到了呢？」
「只吃一點點也沒關係，但是多吃幾種下午才有力氣玩喔！」

像這樣提示孩子，他們慢慢就會自行調整了。

一般來說，所謂的營養午餐，就應該以既定的料理提供既定的量給孩子。因為這樣才能讓孩子獲得均衡的營養，非常合理。

既然這樣，為什麼我們還要用自助餐的形式呢？

首先，基本上用餐不應該是強制的行為，而該是一段愉快的時光。

再者，**我們還是相信孩子有決定自己事情的能力**。

就算是大人，有時候也會覺得「今天隨便吃個麵包就好」，或是「肚子好餓，好想大吃一頓」吧？而且多多少少會挑食。

孩子也一樣。所以要他們理所當然每天跟大家吃一樣的食物、吃一樣的分量，我認為這樣做有點奇怪。

好像講了很多大話，但其實我原本也是採用傳統幼教方式的保育士。

我以前也會催促吃飯慢吞吞的孩子，大家都要睡午覺了還是要逼他們把飯吃完，把剩下的食物都塞到口中，再讓他們睡午覺。現在回想起來，這樣其實有窒息的風險，我竟然做過這麼可怕的事。

我當時被「孩子一定要吃」的想法給綁住了。

雖然那麼拚命都是為了孩子好，但實際上卻無法讓他們感覺到「吃飯是個開心的體驗」，也許還會讓他們對幼兒園產生不好的回憶。我覺得很抱歉。

對這種傳統的幼教方式提出反對聲音的，竟然是連幼兒教育的「幼」字都不懂，完全是個門外漢的次男，也就是園長。

他說：「雖然像這樣強迫他們吃飯，也許不會營養失調，但是用餐這件事應該有更重要的意義吧。」

剛開始我也覺得「就算你這樣說，可是營養不良會……」，或是「這樣違反幼教的常識……」等等。我覺得園長說的根本行不通。

但是在試辦自助餐形式的營養午餐後，看孩子們的表情你就會知道，怎樣的方式對他們來說才是幸福的。

各位爸爸媽媽是不是也是「反正時間到了，就去吃飯」呢？真的覺得餓了嗎？真的有吃飯的必要嗎？想要吃什麼？也請各位再次仔細思考看看。

也許你會發現「最近都沒有認真傾聽自己內在的聲音」。並不是只有食慾而已。還有今天的身體狀況、心情、感覺、有沒有勉強自己等等。

如果沒有養成感受自身情況的習慣，那麼就會聽不到自己身體與心靈的聲音。我希望孩子們可以儘早養成這樣的習慣。

互相討論、對話的經驗
有助於提升解決問題的能力

還有一個關於午餐的故事。

在我們幼兒園，如果孩子專注地玩耍，因而覺得肚子不餓，我們也不會強迫他們吃飯。雖然保育士還是會提醒「已經到午餐時間了，你要吃嗎？」，不過做決定的還是孩子本人。

只不過，孩子說不要吃，而且真的什麼都沒吃的話，之後肯定還是會肚子餓。這時候要是孩子說：「老師，我想吃飯！」我們也會說：「你剛才說不要吃，但是肚子還是餓了吧？」然後帶他一起去找吃的。

假如班上的自助餐還有剩，就會讓他吃剩下的。

如果班上的自助餐沒有剩，會告訴孩子：「午餐太好吃了，被大家吃光光了。真傷腦筋！那我們去隔壁班看看吧？」

隔壁班還是沒有剩的話，就說：「我們去煮飯阿姨那邊看看吧？」要是廚房還是沒有剩，則會跟孩子說：「沒有了。都被大家吃光光了。」運氣好的話還有飯吃，但是運氣不好的話，也要為自己的選擇負責。

但孩子也是很聰明的，從原本的「不吃」，會變成「幫我留一份」。「大川老師，可以幫我留一份嗎？我晚一點吃！」就像這樣。

然而，如果真的幫他留食物，又會衍生出別的問題。孩子一直沒有來吃的話，其他還沒吃飽的孩子就會說：「老師，我可以拿那邊剩下的飯嗎？」而且食物放太久，也有衛生方面的問題。

於是，我們決定跟孩子一起討論規定。

「大家是不是有時候會請老師留午餐給你呢？但是，如果你一直沒有來吃的話，還有其他同學想吃，而且食物放太久會壞掉。大家覺得該怎麼辦才好？」

大家互相提出意見討論之後，最後決定要訂出「保留的時間」。午餐會保留到時鐘比較長的針指到3的時候（也就是到13點15分為止），如果超過時間，就會分給其他還想吃的孩子。

決定這個規則的是「大家」，也就是包含「自己」。所以孩子也會好好遵守規則。如果想吃飯，就會在13點15分前回來；玩過頭超過時間的話，飯分給其他孩子也不會抱怨。

假如因為玩過頭而餓肚子，下次也會比較謹慎，避免再犯同樣的錯誤。

像這樣，需要決定事情時，不會是保育士單方面提出規定，而是大家一起思考、互相討論，最後訂出彼此都能接受的規則。

有時候討論的題目本身就是孩子提出來的。

吵架的時候也由孩子們自己調解。

雖然這麼說可能有點誇大，可是這不就是在奠定民主主義的基礎嗎？

慶幸的是，小學老師及周遭的大人們都說：「小保幼兒生活團出來的孩子，都有很棒的解決問題能力。」我認為這也要歸功於這種教育方式。

平時在家時，也請各位爸爸媽媽**試著與孩子一同訂定規則，而不是強制讓孩子遵守父母訂的規矩**。

就算是愛反抗、脾氣很硬的孩子，如果意識到「這是自己思考之後決定的」，也許就會很自豪地遵守規矩了吧。

孩子只要有機會就會自己學習

「可以帶玩具來幼兒園。」

這是在其他幼兒園不可能發生，也是我們讓別人覺得很不可思議的一件事。

對我們來說，會認為「就算是父母買的東西，當買給孩子的瞬間，那就是孩子的了」。所以要把玩具帶來幼兒園，或是送給其他孩子，那都是物主，也就是孩子的自由。

提出這個想法的是園長。起初我也覺得「怎麼可以帶玩具來！絕對不行！」，從來沒有聽過這種幼教方式，而且我也擔心孩子會因此發生衝突。

「當然，我們一開始可以跟孩子說：『玩具帶來可能會壞掉喔！也可能會不見！這樣也沒關係嗎？』提供知識給他們，之後要怎麼做決定就是孩子的自由吧？」

園長對憂心忡忡的我這麼說。

嗯，這樣說也沒錯啦……我被說服了一半，於是開始同意孩子帶玩具來。雖然方針是「不鼓勵也不禁止」，實際上也出現過很多狀況。

當我們跟孩子說「可以帶玩具來」之後，立刻就有孩子得意洋洋地帶精美細緻的玩具來。雖然我很驚慌失措，深怕玩具會弄壞，但孩子們都很興奮地吵著要玩。

可是，那樣的玩具一次只能一個人玩，所以場面一發不可收拾，當天就收到倉庫裡了。之後該怎麼辦才好……。

雖然一開始很混亂，但是孩子們真的很厲害。

慢慢的，他們學會如何藉由玩具跟朋友一起玩。會帶可以很多人玩的玩具來，也會跟朋友約好帶一樣的玩具來一起玩。我漸漸觀察到他們互相交涉，並且逐漸提升社交能力，實在很有趣。

也有孩子回家後很失落地跟媽媽說：「不小心用很好的玩具交換了一個很無聊的玩具。」

「好吃虧喔！我再也不要帶玩具去幼兒園了。」他說。

原來如此。我覺得很感動。雖然對那個孩子來說是損失，但是他同時也會學到如何對待重要的物品、物品的價值，以及交換是怎麼一回事等等。我想園長也是透過這樣的方式來讓孩子「學習」。

只要製造機會給孩子，他們就會不斷學習。

「不能帶玩具來學校」時無法學到的事情，在「可以帶玩具來學校」的情境裡可以學到。

說一個題外話，最近的孩子好像幾乎沒什麼物慾。

問他們「生日想要收到什麼生日禮物呢？」，卻得到「沒什麼特別想要的」這樣的回答。還會把不太重要的玩具放在幼兒園，或是送給朋友之類的。

雖然了解時代不同了，但還是希望不論在哪個時代，孩子們都可以惜物。為了讓孩子有惜物的心，我也會提醒家長「盡量只在生日或聖誕節等特別的日子，再買玩具給孩子比較好」。

思考如何達成「保護」與「教育」之間的平衡

我在本書33頁也有提過，「保育」這個詞有「保護」與「教育」的意義在裡頭。對於0歲和1歲的孩子來說，「保護」的佔比最大；隨著年齡增長，「教育」的比例也會逐漸提升。

但是不論孩子幾歲都不能抽離「保護」的要素。為了保護孩子珍貴的生命，絕對不能夠讓他們受到不可挽回的傷害。

而困難的部分在於過度重視「保護」的話，就容易忽略「教育」的部分。因為如果不願意讓孩子受到任何一絲傷害，那麼最佳解答就是「什麼都不讓孩子做」。當然，這並不是好的教育方式。

「那麼，該怎麼做才能兼顧保護與教育呢？有辦法同時守護孩子，也好好教育他們，幫助他們成長嗎？」

……於是，就產生了**與孩子一同訂定的「安全注意事項」**。

比方說，幼兒園庭園（山）中，有一個被稱為「瑪利亞之丘」的最高區域，以前我們禁止孩子在沒有大人的情況下去那裡玩。因為孩子很容易離開視線範圍，道路也沒有整理得很完善，因此我們判斷那邊是危險的區域。

但是，這麼做只有達到「保護」的部分，並沒有「教育」孩子。因此我們決定要讓孩子也可以去那裡玩。

於是，最年長的5歲班的孩子們，就跟保育士一起前往瑪利亞之丘，途中一邊走一邊決定每一個注意事項。

「啊！那棵樹很細，爬上去的話會很危險喔！」

「這條路再往前走，會有小蜜蜂出沒喔！」

像這樣一邊用手指確認，一邊註記在地圖上。基本規則也是由孩子決定的。

・不可以一個人去瑪利亞之丘
・去瑪利亞之丘前，一定要先跟老師說
・從瑪利亞之丘回來後，要跟老師說「我回來了」

於是，決定好的安全注意事項就在下午3點半的點心時間後，於放學前的集會中發表，和大家約法三章。之後便把寫有注意事項的地圖貼在教室中。

應該不用我說大家也知道，一般的幼教方式都是徹底排除可能導致重大事故的因素。

為了避免發生誤食事件，不會放置任何可能會讓孩子噎到的小東西、電池或鈕扣。因為有其他幼兒園的孩子被鉸鏈式的門夾斷手指過，所以幼兒園的門全部都改成拉門（只有一個門板的門則特別留縫，不讓孩子夾到手）。邊鞦韆的座椅部分也改成塑膠材質，就算不小心撞到頭也不會割到。

我們會保護他們「不可讓步」的安全範圍。但是太過小心翼翼的話，也會剝奪孩子學習的機會。

老實說，對幼教人員而言，「全部都禁止」的話應該最輕鬆。

但是這也不行，那也不行，孩子也會覺得很無趣吧。

關於孩子的安全，思考如何兼顧「保護」與「教育」也是一件很有趣的事呢。在家裡也試著思考看看該怎麼做吧！

就算很危險，就算很麻煩，也讓孩子體驗看看

危險的東西、容易弄髒的東西、會壞掉的東西……。

我們身邊有各種不希望孩子觸碰的東西，而孩子卻對這些東西充滿興趣。為了不讓孩子拿到，父母們常常會想方設法，放在他們拿不到的高處，或是敷衍他們、禁止他們……。

但是我們都會跟各位家長說，希望大家盡量不要把那些「不希望孩子觸碰」的物品藏起來。來幼兒園參觀的貴賓也很訝異我們這樣的做法。

比方說，我們會在0歲與1歲孩子用餐的餐桌上裝飾花瓶。

「在這種地方放花瓶不會有問題嗎？孩子不會打翻嗎？」常有人提出這樣的疑問。

當然，剛來幼兒園的孩子的確會把花從花瓶裡拔出來，或是把花瓶打翻等等。這時保育士會說「花很漂亮才放在這裡給大家欣賞的喔！」、「把花瓶打翻衣服會弄濕，好冷

喔！」，然後一邊收拾乾淨。

漸漸地，孩子們就會自己思考，理解「花是要插在花瓶裡的」、「把花瓶打翻衣服會弄濕，而且老師還要幫我收拾好辛苦」，之後就不太會玩花瓶了。這是真的喔！

參觀的來賓們最驚訝的是，我們還有很多願意讓孩子嘗試的事。

各個年齡層的孩子都喜歡坐四輪車從水泥坡道衝下去，來賓說：「這樣很危險，我們不會讓孩子這樣玩。」

日本的幼兒園也都漸漸拆除攀爬架跟鞦韆，所以他們看到我們的孩子還能正常地玩著這些遊具，都瞪大眼睛不敢相信。

很多人看到我們用陶製的餐具都說：「這樣不是很容易破嗎？」

我們會回答：「這可以成為孩子的經驗，而且孩子們自己也會思考。」因為我們希望孩子可以接觸這些陶瓷類、外面真正在使用的餐具，也希望他們知道「摔下去的話就會破掉」。

「我下次要小心一點」「怎麼樣才不會打破呢？」我希望他們可以自行思考，然後多嘗試看看。如果把這些不希望孩子觸碰的東西都收起來的話，就沒有機會做這種「思考的練習」。

另外，我們也希望幼兒園成為孩子「白天的家」（因為對孩子來說，沒有比家更舒適的地方了），所以我們會鋪榻榻米，也會設置障子（木製框架上貼有和紙的拉門）。我們不會因為有孩子在，就把和紙換成不易破的材質。

所以障子對剛入學的孩子來說十分有趣，一定會用手指在上面戳洞。每次保育士都會跟孩子一起重新把紙貼回去。

看到這種情況後，孩子就會學到「我把障子弄破的話，老師還要幫我貼。好像做了不好的事，我不會再做了」，其他的孩子也會說：「你把障子戳破的話老師很可憐，還是不要吧。」

「這也不行那也不行」，孩子就不會有任何經驗。
沒有經驗也不會有思考的機會。
沒有思考的機會，孩子也就不會成長。

所以我希望孩子可以去想「怎樣才能做到」。

「那個是什麼？」

「我這樣做會發生什麼事？」

「失敗了。」

「下次我要這樣做。」

我希望孩子可以盡可能發展出像這樣的好奇心與求知慾。

第2章
希望家長可以遵守的溝通守則

嘗試正面思考孩子的「小缺點」

孩子並非永遠都是那個什麼都做不到的嬰兒。

從只會睡覺、哭泣、吸奶的3千公克的小寶寶，開始會翻身、會爬、會站，最後會走，拓展了自己的世界。

之後開始會笑、會說話，也越來越能溝通。

手部變得靈活以後，自己可以做的事情越來越多，也越來越獨立。

有一天忽然驚覺，孩子已經大到抱不動了。

經歷這個過程，總覺得人類真是不可思議啊！

看著孩子驚人的成長，陪著他們一點一滴長大成人。

每當感受到他們的進步，身為保育士的我都會感到莫大的幸福。

但是對各位爸爸媽媽來說，接觸到的不全都是這樣「好的成長」。

任性、搗蛋、打人、頂嘴、反抗、說謊……孩子的成長伴隨著很多「小缺點」。有很多「他到昨天都還不會這樣！」的行為出現。憤怒、失望、困擾、擔心，在孩子長大成人以前，父母常常覺得頭痛。真的是辛苦各位了。

曾送過2800位孩子畢業的我，想要跟各位父母說：「**希望你們可以先正面思考孩子這些讓人感到頭痛的行為。**」

比方說，1歲的孩子有時候會咬其他的孩子。……與其說「有時候會咬」，倒不如說這是在團體中一年到頭都會發生的事。

因為是「幼兒」園，所以這種事在所難免。我在入園典禮時都會先跟家長道歉：「很抱歉，雖然我們已經很注意了，我想之後還是會有孩子咬人或被咬的意外發生。」

當孩子沒辦法處理自己的情感，或是還無法清楚地用話語表達時，常常就會用咬的方式傳達自己的情緒。特別是在爭奪玩具的時候常常發生（當然，我們不會以一句「無法避免」就結束，會跟孩子討論，除了用咬的，還可以怎麼表達比較好）。

不過，家長還是不免擔心，我家的孩子會咬人是不是有暴力傾向？是不是有攻擊人的傾向？我知道大家一定很擔心自己的孩子會變成加害者。

但其實「咬人」也是孩子正在成長的證明。

所以請各位放心，而且不如說應該感到開心才對，因為孩子開始有自己的想法出現了。因為「不想要玩具被搶走」是有所成長才會開始萌芽的心情。

孩子們的「小缺點」是成長的軌跡。

沒有牙齒的嬰兒沒辦法咬人。

不能穩定行走的孩子，無法用手打人。

不會說話的1歲幼兒，當然也不會說謊。

不是這樣嗎？

所以，**當孩子出現一些小缺點的時候，希望家長可以為他們感到開心：「哇！孩子已經可以做到這些事了呢！」**

我認為，**「算了，沒關係」這種豁達的心胸，是幸福平穩的生活之中不可或缺的。**

因此我希望孩子們長大以後遇到挫折時，也都成為能夠大而化之地說句「算了，沒關係」的人。

當各位爸爸媽媽遇到孩子的「小缺點」時，請先唸一次「算了，沒關係」，然後期待一下「孩子下次又會給我闖出什麼禍」吧。

就算狀況變嚴重，長遠來看也不會有太大的影響。

難得有這樣的機會，就用正向思考來育兒吧！

大人與孩子的立場是對等的，不要用上對下的態度命令孩子

「時間到了，把玩具收好。」

在我們幼兒園裡，你不會聽到類似這樣的聲音。因為要求孩子做什麼事，那就是命令。不會對其他大人說的話，也請不要跟孩子說。

這是阿德勒心理學的理念，孩子也有自己的人格。他們只是身體比較嬌小，經驗與能力還不夠，做不到的事情比較多而已，這並不代表地位就比大人低。所以，應該以對等的立場，用對待「人」的方式對待孩子。

比方說，**當你希望孩子採取某個行動時，可以說「你可以幫我～嗎？」或是「你如果可以～我會很開心」**，不是命令，而是拜託。

我覺得這跟在工作上要麻煩別人時，也是一樣的情況。

重點是**讓對方思考自己要「做」或是「不做」，留下可以決定「不做」的餘地**。

在跟孩子對話時，我們的保育士也是理所當然地詢問：「可以借我你手上的澆水壺嗎？」「你可以換衣服嗎？」

「可是我家孩子很皮，好好跟他說他會聽嗎……？」

也許有人會這麼想，但請大家不要擺錯重點。決定要聽或不聽的是孩子自己，你能做的只有「拜託他」而已。

理由同上，我們這裡也沒有值日生。所謂的值日生就是在「強制」與「命令」下做事。所以沒有負責盛飯的孩子，沒有負責打掃的孩子，也沒有負責照顧小動物的孩子，什麼都沒有。但是沒有這些負責人也不會造成任何影響。

那麼，要怎麼做才好呢？每當出現某項「工作」時，保育士就會問：「有人可以幫忙嗎？」這種情況下，一定會有人精神飽滿地舉手，說：「我可以幫忙！」（不想幫忙的孩子，則默默繼續做自己想做的事。）

對大人來說是工作，對孩子來說卻是一種遊戲。而且向孩子道謝的話，他們也會非常開心。

反而是在喊「我來！」、「我想做！」的人太多時，才會決定一個「負責人」來當「橘子班長」。這裡的橘子指的不是水果，而是2歲孩子的班級名稱。

在我們的幼兒園中，3～5歲的孩子會一起上課，也就是所謂的混齡教育。

3歲的孩子看著哥哥姊姊們學習。

4歲的孩子可以照顧好自己。

5歲的孩子則會幫忙照顧比自己小的孩子。

5歲的孩子十分可靠。不用保育士說什麼，就會主動照顧新來的3歲孩子。教他們一些想法、遊戲的方法、跟朋友溝通的方法等等，連圖鑑的閱讀方法都會教他們。大家也都會模仿5歲的哥哥姊姊們，向他們學習，保育士們每年都會說：「好像沒有我們可以做的事了。」

因此，雖然還沒進入混齡教育的2歲孩子（橘子班）會在別棟教室，但是到了2月時，5歲孩子已經快畢業了，為了讓他們互相認識，就有安排去幫忙橘子班的時間。

這時，我們會跟往常一樣問他們「有沒有人要去橘子班幫忙？」。往往所有人都會踴躍地舉手說「我要！我要！」。大家都太想要照顧年幼的孩子了。

因為每次問的時候所有人都會舉手，所以「有沒有人……？」好像也是白問的，跟孩子討論以後，我們決定照名字的順序輪流當「橘子班長」。

不論是保育士跟孩子，或是家長跟孩子，大家都是地位對等的人。

命令孩子、強迫孩子，不聽話的話就罵他們。

……這樣其實很不講道理，對吧？如果換作你是孩子，是不是也會覺得「不公平」呢？

換位思考後，自己也覺得有疑慮的話，就不要對孩子做那樣的事比較好。

2 不去評價孩子「好乖」、「好棒」

正確地穿好衣服、第一個去收玩具、組裝好複雜的火車軌道……。

當孩子做出以上「好的行為」時，大家是不是就會稱讚孩子「好厲害！」、「好乖！」呢？有些育兒法標榜要多讚美孩子，許多家長也認為對孩子使用讚美的語言是理所當然的。

但是，這樣的稱讚其實也是一種「評價」。

也就是地位高的人判定地位低的人時，所用的語言。

雖然我現在已經超過90歲了，還是打從心底認為自己與3歲孩子的關係是對等的。就如同阿德勒所說的，人與人之間沒有上下階級之分。

所以，**對待孩子時不要使用評價性的用語，要以自己的心情為主軸**。

比方說當孩子把玩具讓給朋友時，可以說：

「你對朋友好大方喔！老師很高興喔！」

當你要傳達負面的想法時也是一樣，例如孩子把食物弄到地上的時候，可以說：「啊啊，廚房阿姨辛辛苦苦做的飯掉到地板上了，老師好傷心喔！」像這樣傳達自己的情感。

「不要任性！你真是不乖！」不要這樣「評價」孩子。

我想實際執行的時候就會發現，「不稱讚」孩子其實更加困難。「好厲害喔！」、「你做得很好！」像這樣的稱讚用語，一不小心就會脫口而出。

而且，當孩子得到讚賞後，他們會很開心，下次也很願意再做出相同的舉動。因此，以前的我常會想：「這樣的話，稱讚孩子有什麼不對？」

然而，當我知道稱讚孩子其實是一個很大的陷阱後，就努力提醒自己要改變。

這個陷阱就是，獲得讚美這件事，會成為孩子採取行動的目的。

率先打掃教室的孩子，如果你每次都稱讚他「很棒」的話，一旦有一次沒有稱讚他，他就會主動尋求「讚賞」，一直詢問你「老師，我很棒吧？」。

像這樣的孩子，當他看到走廊有垃圾，周圍有沒有人（會稱讚他的人）看見就會成為他決定要不要撿垃圾的關鍵。

如果孩子的心情會隨著家長的評價起起伏伏，考試時可能會選擇作弊。

也可能導致未來在選擇志願與工作時，比起自己想做的事，會優先選擇能得到讚賞的道路。

也就是說，在採取行動時會一直注意他人的評價。

這在某種意義上，也是過著「不自由」的人生。

以打掃為例，如果是我的話就會這樣說：「你幫我打掃得好乾淨喔！老師覺得好高興。」

然後在大家回家前的集會時，我會說：「因為小美打掃得很認真，我們的教室才變得那麼乾淨。」在大家面前發表小美的貢獻。

不是說「太棒了」或是「很乖」，而是「你的貢獻幫了大忙」。這樣其他孩子也會自然地感謝小美。

在阿德勒心理學的理念中，「自己就是參與社會的一分子」，在群體中要時常思考自己可以做些什麼回饋。

「我做的事情可以幫助到別人，可以讓別人感到快樂，這種感覺真好。」

不誇獎孩子，而是傳達感謝的心情，我希望孩子們可以感受到這種貢獻的喜悅。

對孩子說了「等一下」，就要好好遵守承諾

當孩子想要做某一件事情時，是比什麼都還要重要的。熱中於某件事的時間可以幫助孩子成長。

這也是我們幼兒園最重要的基礎理念。當孩子說他想要做什麼的時候，我們都會全力配合。

但是，我自己也有3個男孩，所以我非常清楚。

在家裡時，不可能隨時滿足孩子想要做什麼事的欲求。父母也有要做的事，自己也有各種狀況。每天都很忙碌，要做的家事堆積如山！如果完全配合孩子的話，生活就會亂成一團。

例如我在準備晚餐時，孩子突然說：「我想去公園找金龜子！」……不行，真的不行。雖然我們一直說「想做什麼的心情」能幫助孩子成長，但也沒必要成為孩子的奴隸。

這種時候要好好跟孩子說明，現在沒辦法做的理由，然後與孩子做「下次的約

定」，安撫孩子的心情。

「等一下爸爸就要回來了，他肚子很餓，媽媽想要煮飯給他吃。所以我們明天早點起床去找金龜子，好不好？」

重要的是，**這時候的約定絕對要遵守**。

有一次，搬來附近的3兄弟同時間進入我們幼兒園就讀。3兄弟的媽媽工作十分忙碌，所以幾乎都是由奶奶照顧他們。這種情況並不少見，但是入學後不久，有其他保育士來找我商量。他說有一次，他跟3兄弟中的哥哥說「等一下喔！」，哥哥卻突然發起脾氣。

怎麼會這樣呢？聽著保育士的形容，總算找到理由了。原來是他的奶奶每次跟他說「等一下喔！」，就沒有然後了。每次他乖乖地等，卻從來沒有實現過他想做的事。

「等一下」、「晚一點」原本應該是「我等一下會達成你的需要」的約定吧？

「媽媽抱抱。」

「媽媽正在炒菜，等一下喔！」

像這樣對話之後，如果媽媽煮完飯有去抱孩子，就等於完成了剛才的約定。

然而3兄弟不論等再久，每一次都沒有等到約定實踐的時候。我相信奶奶上了年紀還要照顧3個男孩一定很辛苦，所以才會用「等一下」來解決一時的困難。

不過從結果看來，對孩子來說「等一下」的意思幾乎等同於「不行！」、「放棄吧！」。更極端地說，他們只留下期待被背叛的記憶而已。

阿德勒說過，大人與孩子間的關係是對等的。

如果大人跟大人之間的約定會遵守，對孩子時也必須遵守。不能因為對方是孩子，反悔就可以被原諒，沒有這種事。在這之後誤會解開，3兄弟也順順利利地長大了。

可以做到的話，就盡可能幫孩子實現。

但是也沒有必要成為孩子的奴隸。

做不到的事要好好說明理由。

然後約好的事就要絕對遵守。

這麼做的話，父母就能獲得孩子的信賴。

無論如何，都先同理孩子的情緒

幼齡的孩子還無法完全掌握自己的心情，也無法用貼切的話語來表達。於是就會用哭泣或生氣的方式來發洩這種無處可去的情感，很可愛吧？

像這種時候，**比起解決問題，應該先用語言表達出孩子的心情。「你現在是這種心情吧？」幫孩子表達出來，並同理他們的想法。**

如果孩子因為想要玩朋友的玩具而大哭的話，就跟他說：「嗯嗯，你想要那個玩具吧，是不是很想玩？」

沒辦法好好自己換衣服而嚎啕大哭時，就說：「我了解，你很想自己穿好衣服吧？是不是很不甘心？」

如果是想搗蛋或做一些你不希望他做的事情時，也是一樣。「原來是這樣啊，你想要～對不對？但是～」先接受他想做的事，再把道理說給他聽。

這個人能懂我的心情——孩子只要了解這點，就會感到安心，情緒也會穩定下來。有過被別人同理、接受自己心情的經驗，心裡就像點了一盞燈一樣，會一直留有溫暖的感覺。

1歲的小祐，每次吃午餐時都會故意把茶弄翻。

那天小祐也是打翻了很多次，每次保育士都會去把桌子擦乾淨。但是，在不知道打翻第幾次的時候，不經意一看，灑在桌上的茶水看起來就像是大象的形狀。

「哇！有一隻大象呢！」保育士這樣說道。小祐也說「嗯，大象」，然後很開心地笑了，而且自己主動擦桌子。在那之後就再也沒有把茶打翻了。

小祐是在測試大人的反應，然後終於有了不同於以往的反應，所以感到滿足了嗎？又或者是玩膩了呢？我想小祐可能每次都在茶湯中找動物，而大人（就算是偶然）接受且能對他的想法產生共鳴，他就覺得心滿意足了。

事實是怎樣我不知道，也因為不知道所以才有趣。但是我知道的是，如果不分青紅皂白就罵他的話，就看不到小祐的笑容了。

孩子的每一個行動都有它的目的

當有新的弟弟妹妹出生，原本的孩子情緒就會變得不穩定，這是常有的事。為什麼他們會感到不安呢？是因為怕「媽媽的愛被搶走」。那也沒辦法，新生兒又小又脆弱。媽媽只能寸步不離地照顧他們。

在我們幼兒園中，也有很多孩子原本可以獨佔媽媽的愛，成為哥哥姊姊後情緒變得不穩定，媽媽們就會來找我們討論。

最常聽到的是「原本自己可以做得很好的事，突然就不會做了……」。明明可以自己好好吃飯，現在卻吃到一半站起來走動，或是打翻飯菜、吃不完剩很多等等。

這些「問題行為」背後的理由，很明顯就是為了讓只關注嬰兒的媽媽也可以注意到自己。

「小弘！專心吃飯！」

「你看，打翻了吧！小心一點！」

得到這樣的反應，小弘就會感到開心，因為媽媽終於注意到自己了。

嘗試幾次後他會學習到一件事。

「吃飯的時候走來走去，媽媽就會注意到我。」

於是這樣的「問題行為」便會反覆出現。在媽媽最忙的時候，孩子反而一直扯後腿，媽媽也會覺得很煩躁。

但是這種時候罵他也解決不了問題。

阿德勒曾說，孩子看似無法掌握、胡亂任性的行為，都有某種「目的」。

特別是**這些被稱作「問題行為」的行為，背後一定有目的**。

所以**在責罵孩子前，先找出目的——孩子是為了什麼才會採取這樣的行為**。想想看最近有什麼變化？罵他的時候他是什麼表情？這個行為會導致什麼結果？

思考後應該就會發現：「原來是希望我可以多陪他，他其實是想撒嬌啊！」

當你了解他的目的，就可以用別種方式滿足孩子。

具體來說，就是把注意力放在孩子平常的行為或是「好的行為」上。當孩子發現到

「原來我不用搗蛋，爸爸媽媽也會看我」，就不需要再藉由做壞事引起注意了。

「但是老師，他現在總是在做一些讓我傷腦筋的事……」

我知道還是會有神情疲憊的母親這樣說，但是請試著把目光放在那些看似沒什麼大不了，但孩子能做到的事。

像是自己吃飯、自己換衣服、主動打招呼、收拾玩具、哄妹妹睡覺……。

你看，原本什麼都不會的孩子，現在已經可以做到這麼多事了。而且，只要他每天早上可以精神飽滿地起床，不就足以讓人感激了嗎？並沒有「總是在做一些讓人傷腦筋的事」吧？

而且**請將這份「快樂」的心情化作言語，告訴孩子：「我有一直在看著你喔！」**

「小弘把媽媽做的蛋包飯吃光光了，我好開心喔！」

「哇！你今天心情很好呢！媽媽最喜歡看小弘笑了！」

然後空閒的時候就抱一抱孩子，告訴他你很愛他。這樣為了吸引注意力的「目的」就會漸漸消失。

還有個孩子寫了一首很棒的詩。

「小安（弟弟）在睡覺時，

媽媽說『小安在睡覺所以我唸繪本給你聽』，

然後抱一抱我。

我喜歡上《小黑桑波》這本書了。」

不要用大人的「常識」來罵孩子

我曾說過，所謂的「問題行為」背後都有它的目的，但是也有一個小故事……應該說是一個我一直沒有釋懷的失敗經驗。

很久以前，有一個叫做真希的孩子，是個活潑的女孩。但是我每次跟她說話時，她都發出「嗯？」的聲音，然後把臉撇開。每天我叫她名字的時候，她都會別開臉。

當時還不成熟的我有點急了，心想「一定要改掉她這個習慣」，所以每次跟真希說話的時候都會這麼提醒她。

「真希，請看著老師的眼睛。」

「別人在說話的時候看著他是一種禮貌喔！不要看旁邊。」

但是就算這樣，真希也沒有改善，我又更加努力想要改掉她的習慣。

直到有一天，他們班的保育士好像突然發現一件事。

「大川老師，真希右邊的耳朵好像聽不太清楚。」

咦咦!?雖然我很驚訝，但是這樣好像就說得通了，我真的感到非常抱歉……。

真希的目的是想「聽老師說話」，因此才會把聽力比較好的耳朵對著我，結果就變成臉面向另一邊了。

但是我卻被大人的常識綁住，要求她「聽人說話時要看著對方的眼睛」，也沒有問她理由，只是一味地斥責她。

大人在人生的過程中，會不斷地學到理想、常識與規則。連我也有90年份的「常識」。

所以當孩子做出脫離「常識」的舉動（一般稱為「問題行為」）時，就忍不住想要去矯正他們。

但是，孩子有各式各樣的「目的」，他們只是因為「目的」而做出行動。

「這孩子是基於什麼心情才會這樣做的呢？」

「這個行為背後有什麼目的？」

請好好觀察孩子，找出他們的「目的」。

你會發現很多「啊！原來是這樣！」的事。

你有沒有不經意對孩子說過「你做不到啦」？

孩子的活潑和朝氣是最重要的寶物。所以身為保育士的我，都會隨時注意自己的發言或態度，不要去打擊到孩子的信心。

像是「你做不到啦！」這種訊息，雖然我想大部分的父母都不會直接這樣跟孩子說，但如果是「你不敢做這個吧？」、「你好像不適合做這個」的話呢？也許只是大人隨口說的一句話，但是對孩子而言，卻會成為「做不到」的原因。

孩子會打從心底相信，自己最喜歡的媽媽所說的「你做不到」的訊息。然後烙印在心裡，使他們感到氣餒。

其實我也是這樣。

家母很擅長畫畫，但是身為女兒的我，在美術方面卻一竅不通。雖然我自己不太在意，但是在某次小學的家長日之後，家母這樣跟我說。

「光聽妳形容，還以為妳畫出名畫了呢！結果完全不行嘛！如果不會唱歌的人叫做『音癡』，那妳就是『畫痴』囉！」

我受到很大的打擊。家母一定只是半開玩笑地隨口說說吧。但是我卻在內心深處烙印上「原來我不會畫畫」的想法。

因此，儘管家母說這句話後已經過了80年，但是我不論是在畫畫還是摺紙上，創作時還是提不起勁。

對孩子來說，曾經被父母否定的能力，自己也不會喜歡。

要注意大人不經意的發言，可能會打擊到孩子的自信。正因為我自己也有經驗，所以希望大家要注意，別隨口說出「你做不到啦！」這樣的話。

就算父母說過就忘，孩子也會記得一輩子。

2 請告訴那些在不講理的現實中遭受挫折的孩子，他有多棒

從我們幼兒園畢業的小隆，現在才剛上小學。有一天小隆的媽媽打電話給我，說：「老師，小隆在學校發生了一件事……」

小學老師說上課要用到報紙，每個人要帶3張報紙到學校。小隆覺得一定會有其他同學忘記帶，所以就帶了10張報紙去學校。果不其然，真的有人沒帶，他就把報紙分給其他忘記帶的同學。結果老師卻很生氣地說：「忘記帶的同學必須接受沒報紙可用的處罰，所以你不要多管閒事！」

小隆的媽媽問：「老師您怎麼看？」

確實，在我們幼兒園裡沒有「處罰」這個概念。而且很明顯小隆有著想對別人有所貢獻的想法，也有著一顆想幫助朋友的溫柔的心。所以我了解小隆媽媽其實有些忿忿不平。

但是我說：「既然老師認為『處罰是必要的』，那也只能遵從他吧。」幼兒園跟小學畢竟不同，老師可能有他的考量。

「但是，我希望妳可以這樣跟小隆說：『媽媽最喜歡小隆這種溫柔體貼的地方了！』」

我這樣說以後，小隆媽媽也認同，並掛上了電話。

像小隆這樣，在育兒的過程中會遇到許多不講理或是不合理的地方，看著孩子因此感到困惑、生氣、失落或是無法釋懷的樣子，相信父母也會覺得很痛苦。

這種時候可以告訴孩子：「媽媽最喜歡你的這種優點了。」**認可孩子，告訴他：「也許在那個場合並不是適當的舉動，但是媽媽最喜歡你的這種個性了。」**

這樣孩子會覺得「我最愛的媽媽也愛著我」，其他的事情就算了吧。他們也會認為「我保持我的個性也很好」。

如果孩子可以從父母那裡獲得安心感，是不是就可以保持著這些可愛的優點了呢？我想小隆一定已經成為一個溫柔體貼的大人了。

面對信用不良的大人，孩子也不會說真話

關於小隆，還有發生過一件令人印象深刻的事。

上小學時，因為小隆稱其他個子嬌小的同學「矮子」，老師便打電話給小隆的媽媽說：「請您跟對方的家長道歉。」

媽媽等小隆從學校回來後，就立刻問他：「你是不是有罵其他小朋友「矮子」？」

「嗯。」小隆說。

「為什麼你會這樣說呢？」

「因為他說『喂！大胖子！』，所以我就回他『幹嘛？矮子！』。」

「什麼嘛，原來是這樣。你沒有這樣跟老師說嗎？」

「有說啊，可是老師根本不聽我說的話。」

那時候小隆媽媽好像想起了一個以前幼兒園開家長會時，我跟大家講的故事。

大概是30幾年前發生的事。小俣幼兒生活團有一位十分受到孩子們喜愛的校工叔叔。

有一天，那位校工叔叔跟我報告：「大川老師，庭園裡剛種下去的樹不知道被誰拔了起來。」他把樹種回去後，隔天竟然又被拔起來了。

到了第3天，樹又被拔起來了，隔壁的本田阿姨說他看到是小典拔的。

接著校工叔叔立刻就去問小典。

「為什麼要把樹拔起來呢？」

「我沒有拔啊！」

「這樣啊，那你那時候是在做什麼呢？」

「我在找蟬的幼蟲喔！我很認真挖土的時候，樹就倒掉了。」

原來小典沒有故意把樹拔起來。

「……大川老師，事情就是這樣。所以我有跟小典說，這個樹以後會開很漂亮的黃花，所以要小心不要再把樹弄倒了喔！」

我忍不住脫口而出：「你做得很好喔！」

因為校工叔叔並沒有控制不住情緒，對孩子大罵「不要找藉口！」、「不准說謊！」，而是認真傾聽孩子的說法。

很多大人在面對「犯案現場」時，都會找證據、說教，或是逼孩子道歉。但是校工叔叔卻慢慢引導孩子，讓孩子說出他的目的。

小典也因此了解自己做了不該做的行為。我很感動，校工叔叔就是這樣才會那麼受孩子歡迎的吧。

我把這件事告訴園長之後，他這麼說：

「雖然校工叔叔的應對很好，但是小典有好好把自己的想法說出來，更讓我感動。他知道這個大人會認真聽自己說的話，因為有這層信賴關係，小典才能說得出口。」

真的就是這樣沒錯。

如果孩子心想，反正這個人一定不會相信我，那他們就會閉口不談，或是說謊。所以父母一定要得到孩子的信任才行。

這個故事我也有跟小隆的媽媽說過。

小隆的媽媽說她有想到這個故事。

「孩子真的不會對沒有信賴關係的大人說內心話呢……」

他們會仔細觀察大人，鑑定誰才是值得信賴的人。孩子們下意識看不起的大人、聽不進別人說話的大人，還有愛生氣的大人，很遺憾這些大人都不會得到孩子們的信任。

這個人讓我感覺我們之間的關係是對等的，而且願意傾聽。

像這樣被認同後，他們才會願意說出自己的想法。

孩子也是挺嚴格的呢！

孩子不想說的時候，不要逼他說出口

有位媽媽在跟孩子一起洗澡時，發現孩子背上有一個齒痕。

媽媽問「是誰咬的？」，孩子也堅決不說。最後竟然還說「是我自己咬的」這種顯而易見的謊。

「我要生氣囉！自己咬不到吧！快說！是被誰咬的？」

在媽媽生氣地逼問之下，孩子才吞吞吐吐地說：「是小虎咬的。」小虎在幼兒園中也是出了名的壞脾氣，媽媽也知道小虎這號人物，所以就欣然接受了。「原來是小虎咬的，是不是很痛？好可憐喔！」對話就這樣結束了。

隔天，媽媽給幼兒園的導師寫了一封信。

「孩子間有發生過這樣的爭執。請您看好孩子。」

但是，保育士讀了那封信也覺得很傷腦筋。因為事情發生的那天小虎請假，並沒有來幼兒園。

那麼，為什麼孩子要說這樣的謊呢？

……是因為自己有錯在先，對方是反擊才會咬他。

如果對方被罵的話，自己的「惡形惡狀」也會被揭發，連自己都會被罵。

他應該是不希望變成這樣吧。其實很聰明呢！

如果大人不斷逼問孩子不想說的事情，孩子就會順勢撒謊。所以當孩子們好像不想談的時候，或是閃爍其詞的時候，我就不會強迫他們說出口。

「你應該有什麼理由吧？等你想說的時候再告訴我吧！」跟孩子這樣說，並且給他一點時間。

而「小虎事件」的後續，最後我們並沒有跟媽媽說小虎那天請假的事，只有跟媽媽道歉，說：「我們以後會注意。」因為可以預想照實說的話，媽媽一定會罵孩子：「都是你讓我那麼丟臉！」既然知道會這樣，實在無法告訴她：「這孩子說謊了喔！」

別把孩子逼到絕境，請給他們台階下。對謊言視而不見也很重要

就算知道孩子在說謊，大部分情況下我也會假裝被騙。

之前有提過幾次，我們幼兒園在下午3點半吃完點心後，有一個「放學集會」。這是一天當中，唯一一次會聚集孩子們的重要時刻。在這個時間，導師或是孩子會分享今天發生的好事跟不開心的事，以及一些聯絡事項。

有一天，在「放學集會」時，我聽到：

「今天由梨有一隻鞋子不見了，有沒有人看到？」

於是小健就自告奮勇說：「我去幫她找！」然後消失在庭園中。很快地，小健就拿著鞋子回來，並且說：「我找到了！」

沒錯，就是你想的那樣，鞋子是小健藏起來的。而保育士們也都知情。

但是保育士卻跟小健說：「謝謝你幫由梨找到鞋子。」並把鞋子交還給由梨，將這

件事收尾。

因為，小健一定也是良心不安，才會自告奮勇說：「我去找！」他一定有在心裡記掛著要把鞋子還給由梨。我想他有在好好反省了。

如果都已經反省了，還要在大家面前指責他：「是不是你做的？」「快道歉！」我認為並不是好的教育方式。要是像這樣對他興師問罪，假如下次又做了不好的事，他就什麼都不會說了。

處理孩子的事情時，不需要警察或法官。「最多就是扮演紅十字會的角色吧！」園長總是這麼說。

孩子就是會說謊。而且為了保護自己而說謊更是常有的事。

所以**就算孩子說謊也請不要責罵他們**。**不要把他們逼到絕路**，**給他們台階下**。**如果家長常常這樣逼問孩子**，**孩子就更會說謊**。而且就算是大人，偶爾也會隱瞞一些自己的小失誤對吧？

我想在面對孩子說謊時願意假裝被騙，也是作為父母必須要有的度量。

不要把孩子當孩子對待。

對待孩子也應該像對待工作上的客戶或同事一樣，用對待大人的方式，同等對待他們。

接受孩子的人格，並且去了解他們。

與孩子對話時，只要別忘記這樣的態度，一定可以順利溝通。

首先，請先成為一個值得信賴的大人吧！

第3章

趁孩子還小時，為他們建構幸福的三角形

幸福成長的過程中不可或缺的「眼睛看不見的發展」

在我發行的「瑪利亞之丘通信」、一個月1次自願參加的家長會、還有受到別人邀請的外部育兒演講等，不論在什麼場合，我第一個會談到的都是孩子的發展階段。也就是探討「孩子是如何成長發育的？」。

這個主題對我來說是基本的關鍵，而且已經演講超過上百次。但是演講過程中我發現，大多數的媽媽們（當然爸爸們也是），意外地並不清楚自己的孩子是如何成長的。因此，我想在此分享關於孩子成長與發展的知識。嬰兒是怎麼成為兒童，又是如何變得獨立的呢？

也就是「育兒」這段旅程中的各個里程碑。

當你聽到「孩子的發展」，在腦海裡最先浮現的應該是「眼睛看得見的發展」，對吧？比方說，從抬頭、走路、說話、不穿尿布，到騎腳踏車、閱讀寫字等，這些對父母來說很容易感受到的成長。

當然，這些也是很重要的成長過程，但是容易被忽視的是「眼睛看不見的發展」。以一句話來說，就是心的成長。

理解自己重要性的能力（也可以說是自我肯定感）、認為「自己一定可以」的能力、能夠對目標貫徹始終的能力，以及自律的能力等等。

再來，還有感謝的能力、與他人一起合作的能力，以及同理別人心情的能力等等。

這些能力是肉眼看不見的。既不能評分，也不會說「你比昨天得到更多貫徹始終的能力了呢！」，所以不太會有明顯的感受。

但是這些能力，都是一個人要過上幸福生活不可或缺的，比學業成績更加重要。所以我在從事幼教的過程中，都在不斷思考如何讓孩子們具備這些能力。

「眼睛看不見的發展」最近被稱為「非認知能力」。

國立教育政策研究所等機關有針對非認知能力進行研究，最近幾年在幼兒教育的研修場合或研討會聽到這個詞的次數也變多了。據說「非認知能力是建構心靈的基礎，所以要好好培養」，但是對我來說，會覺得「這不就是從幾十年前我們就開始幫助孩子學習的能力嗎？」」。

實際上，我在跟各位父母親講述「孩子獨立的過程」這個主題時，會用到下一頁的三角形。

這是「幼兒教育之神」村田保太郎老師在幼教專門誌《保育之友》中連載的文章內容，我經過整理，再增添我的想法製成了這張圖。你看這些內容是不是都是「眼睛看不見的發展」呢？

孩子應該依序由三角形的下方往上方發展，如果是倒三角形的話就會不穩定。

另外，沒有「孩子到了幾歲就會往下一階段發展」這樣的年齡參考基準。**成長是按照每個孩子的步調，逐漸累積能量再往前進的。如果下方的基礎沒有打好，不論之後如何灌輸高等教育，三角形也只會不穩定地晃動。**

接下來請參照這個三角形，讓我們繼續討論與孩子「成長」有關的事吧！

發展的三角形

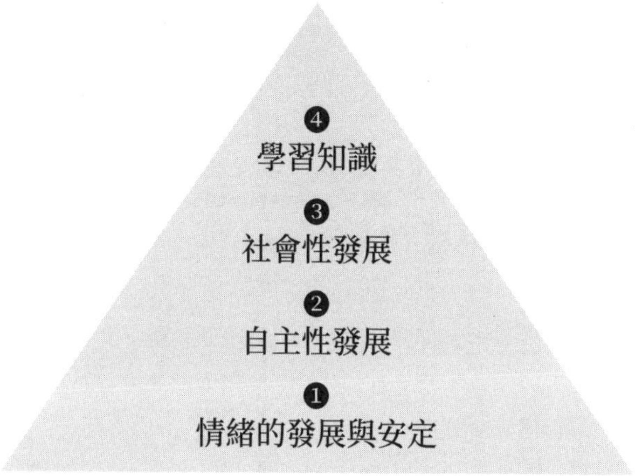
❹
學習知識
❸
社會性發展
❷
自主性發展
❶
情緒的發展與安定

抱抱、抱抱，再抱抱！
～步驟① 情緒的發展與安定～

首先，穩定人的一生最重要的基石，就是「情緒的發展與安定」。簡單來說，就是實際感受到「**自己是很重要的人**」、「**最喜歡爸爸媽媽了！**」這樣的心情，也就是培養親子關係與彼此間的信賴感。

各位也知道，人類這種動物在出生後的好幾個月間，都無法靠自己存活。馬或是長頸鹿出生後很快就可以站起來並保護自己，人類的嬰兒卻連自己翻身都做不到，真的是很脆弱的生物。如果是在野外的話完全無法生存。

而人類的父母必須保護這樣脆弱的存在。就算睡眠不足、精神恍惚，當孩子使出唯一的表達方式「哭泣」時，父母還是會予以回應（「哭泣」是嬰兒為了生存，刻印在DNA裡的作戰方式），藉此幫助孩子發展情緒。

那麼具體來說該怎麼做呢？其實不用想得太複雜。

發展的三角形

總之就是抱抱、抱抱，再抱抱！

嬰兒一哭就抱，他們需要的話就抱抱，沒事也抱抱他們。

最近的媽媽們都很博學，學習了很多關於育兒的知識。

所以一旦嬰兒哭泣就會想：「是肚子餓了嗎？但是餵完奶還沒超過1個小時……」

「是該換尿布了嗎？但是現在尿布功能很厲害，應該可以撐個4～5次才需要換吧。」

所以就像這樣，決定先不理會孩子。另外，現在這種觀念雖然已經比較少，但還是有人認為一直回應孩子的話，會養成他們的依賴心，就算孩子哭也應該放著不管。

但是，如果像這樣對待孩子，孩子的腦中就會學到「就算哭也不會有人來幫我」（也有學者教授用「神經細胞的連結會加強」來形容）。

假如還是不放棄，又再一次哭著表現出「幫幫我！」的心情，但是又被無視，孩子就會認為「果然沒有人來幫我」，一次又一次累積這樣的經驗後，他們就會放棄，覺得「不管怎麼哭也不會有人來保護我」。

對父母來說，自己的孩子絕對是特別且獨一無二的存在。

但是對孩子來說卻不是這樣。**並不是一開始就覺得父母是特別的存在**。

只不過，當發生一些不愉快的事而大哭時，都會有同一個溫柔的聲音跟自己說「怎麼了？沒事了喔～」，然後被抱起來，在懷中可以看見對方的笑臉，而且他會餵自己吃飯、換尿布，搖晃著自己入睡……。

「啊，好溫暖，好令人安心喔！我好喜歡這個每次都會來幫助我的人的聲音、長相跟味道喔！」

透過神經細胞的連結，父母就會漸漸成為特別的存在。學習到這種溫暖情感的大腦，跟學習到「都沒有人來幫我」、「哭也沒用」的大腦，不覺得兩者在這之後的發展也會不一樣嗎？

最近的研究強力認為「孩子1歲前的養育方式很重要」。這是因為只有0歲的嬰兒比較容易透過這種經驗達到「情緒的發展與安定」。

無論如何都**抱抱孩子**、**看著他們**、**對他們說話，並且摸摸他們**。多跟孩子互動，給他們很多身體接觸。

也許你會想，「情緒的發展與安定」聽起來是很重要的項目，只做這些真的夠嗎？

應該也有很多人原本就理所當然地這樣對待孩子。

如果是這樣的話，就可以給你的育兒方式打滿分。在育兒的起點不需要再做更多工作了。

在反覆抱孩子的過程中，不知不覺親子間的連結會加強，也會幫助孩子心靈層面的發展。

另一方面，也有媽媽在產後身心失調，罹患產後憂鬱症，或是因為過於忙碌，擔心自己與孩子的身體接觸不夠。他們會煩惱「我是不是沒有幫孩子打好基礎？」、「我沒有自信我做的事能讓孩子的情緒順利發展」等等。

要是你會這麼想的話，那就不會有問題了。

因為孩子不論長到3歲還是5歲，都是從今天開始往上累積的過程。雖然說「1歲以前是關鍵」，但是孩子的人生還很長。

所以不要緊張，就從今天起開始給孩子滿滿的愛跟抱抱吧！

幫助孩子發展「我自己來」的能力

～步驟② 發展自主性～

下一個階段就來到自主性。換言之，就是「想法」。

這是關於決定自己切身相關的事，以及自己該做的事（像是遊戲、讀書、參加社團、工作……等），可以不受他人干涉而採取行動的能力。是讓孩子能夠期待每一天的生活，並享受人生不可或缺的能力。

就像我在第1章時提過的，**想要發展孩子的自主性，「盡可能提供機會，讓孩子去做任何他想做的事」就是最短的捷徑**。

但是，在孩子學習這項能力的過程中，非得歷經一個非常非常大的阻礙。

沒錯，那就是所謂的「不要不要期」。

不論怎麼做他都不滿意，會生氣還會大哭大鬧。

什麼都要自己來。

利用身體裡的能量，大喊：「不要——！」

像這樣的孩子，在幼兒園裡也很常見。當然，孩子的「不要不要」有很多原因，但是在這之中，主要還是因為「想要自己做（但是沒辦法）」的能量正在爆發的緣故。

想要自己做的事情有好多好多，但是能力卻不夠，不能隨心所欲地進行，因而覺得很不甘心、很氣自己。

當孩子處於「不要不要期」，爸爸媽媽都會很疲憊。難以溝通的日子一天接著一天，好像看不到終點，也有孩子一整天都像刺蝟一樣。

有媽媽表示，不知道會在什麼情況下打開孩子「不要不要」的開關，所以在家裡整天都要小心翼翼的，真的很累。

但是對我們保育士來說，看到孩子的「不要不要期」出現時，真的很開心。如果有家長來向我們求助，首先我們都會先說：「恭喜呀！」

然後告訴家長：「請好好珍惜孩子的這種心情。」

因為原本什麼都做不到的嬰兒，現在長大了，開始有了「想要自己做」的欲望。因為本來還模糊不清的自我，開始出現了輪廓。因為孩子為了成為獨立自主的大人，已經踏

發展的三角形

出第一步了！**所以，「不要不要期」其實是「我要做我要做的時期」才對。**

我想對那些正被「不要不要期」困擾的家長們說一句：「完全沒有欲望，什麼都不想要的孩子，是不會成為正經的大人的。所以你的孩子很了不起喔！」

雖然我這麼說，但是不管在家還是在外面，一直聽到「不要！」的聲音……真的很讓人崩潰，其實還是希望孩子多多少少可以收斂一點。

那該如何應對一直哭鬧的孩子呢？

我會思考如何去滿足他「想要做」的心情。最後你會發現，比起安撫或是責罵他，「讓他自己做」是最快的方式。

所以大人也不要急，不要命令，靜靜等待就好。

然後當他遇到怎麼樣都沒辦法自己完成的難題時，再暗中引導、幫助他。要小心不要刺激到孩子「我想要自己做！你不要插手！」的開關。

比方說，孩子說什麼都想自己穿褲子，這是很常有的情況。

此時，你可能會對褲子穿不好而感到煩躁的孩子說：「要來不及了！好了，褲子拿來我幫你穿！不要再任性了！」

像這樣，兩個人都開始陷入負面情緒的話，場面會變得一發不可收拾。彼此的煩躁感會產生連鎖反應，進一步使孩子的心情變得更糟。

因此，**家長首先要做的是靜下心，然後對孩子說「我也一起幫忙吧？」**，**慢慢地接近他**。

「這隻腳呢？就是這樣，這邊。」「把腳抬起來看看。」「好，再試著把褲子拉上來一點。」像這樣，不要製造出緊張的氣氛，給孩子一點提示。如果孩子還是做不好，再稍微出手幫忙（像是把褲子的後面拉起來）。

只要讓孩子有「我自己做到了！」的成就感，事情就圓滿解決了。

另外，想要讓孩子心情好一點，也可以事先下一點功夫。

那就是**盡量減少「困難的事物」**。

舉例來說，像是太小、很難扣上去的鈕扣、領口太窄的上衣、很難穿的鞋子等等，這些東西連大人都會覺得煩躁（我最近也愛上一穿就可以走的懶人鞋）。家長可以先檢視一下家裡，有沒有這類對手腳還不靈活的孩子來說難度太高的物品。

衣服尺寸可以選大一號的比較好穿。鞋子可以選鞋後跟有拉環的款式，穿脫比較容易。孩子的物品盡量挑選他們可以自己使用的設計。

剩下的就是心情上的問題了。

當下一個行程的時間快到了，父母一定會變得很焦躁，現實上來說，也不能一直等待孩子。

然而「不要不要」的情況就是會發生。

所以乾脆投降，**規劃行程時先預留「讓孩子不要不要的時間」**。不用太緊張，因為孩子就只有這個時期會這樣而已。

你可能會很無奈，孩子為什麼一直心情不好？為什麼不照你說的做？頭痛地看著眼前這個哭到滿身大汗的孩子。

但是，孩子就是這樣啊！古今中外，大家都為此而困擾。

不要覺得「為什麼我家的孩子那麼任性？」。

也不要覺得「是不是我教得不好？」，給自己太大的壓力。

請回想起：「現在正是孩子在發展三角形的『那個』部分的重要時期呢！」

雖然不會「太寵愛孩子」，卻會「太溺愛孩子」
～步驟② 發展自主性～

孩子真的非常可愛。我想大家一定也有充分地讓孩子知道自己有多可愛。大家都會抱抱孩子、對他們訴說溫暖的話語、陪伴在孩子身邊，對吧？這樣絕對不會「太寵愛孩子」，請放心給他們滿滿的愛。

但是，過度保護的話就不一樣了。

過度保護指的是，大人出手幫孩子做他們自己可以做到的事。

這叫做「溺愛」，會妨礙孩子發展自主性。

在我們幼兒園，兩歲以上的孩子每天早上來上學時，都要先做他們的「工作」。把自己的鞋子跟書包收好，將聯絡簿拿出來，在日期的地方貼上貼紙，並放到自己班級的櫃子上。做完工作後，就可以去做自己想做的事。

這些工作在我們大人看來也許沒什麼大不了，但孩子做起來其實挺花時間的。要將鞋子整齊地放入鞋櫃裡，把貼紙撕下來等，對他們來說都是大工程。

這些事情不管孩子要花多少時間，我們都希望大人可以盡量等待孩子自己完成。但是，常常有許多「溺愛孫子的阿公阿嬤」，表現出這是「家長的工作」的態度，三兩下就幫孩子做完了。

畢竟孫子就是有不同於兒女的可愛之處。

而且祖孫的年齡相差甚鉅，會更難以對等的立場看待孩子。

所以就算很多事情孩子可以自己完成，阿公阿嬤還是會搶著幫孩子做好。他們會說：「這對你來說還太難了，阿嬤幫你做吧！」然後搶走孩子的工作。

像這樣被過度溺愛的孩子，當然無法發展他們的自主性。上小學後，就會有安親班的職員聯絡我們：

「他什麼都不願意自己做，真的很傷腦筋……他在幼兒園的時候也是這樣嗎？」

我心想：「啊啊，糟糕了。」他在家裡一定也是那樣。以前真應該好好提醒他阿嬤的。

過度保護很可怕喔！原本可以順利成長的孩子，也會長不大。

所以當爸爸媽媽想要拜託阿公阿嬤照顧孩子時，一定要事先交代好。

「非必要時不要隨便插手或插嘴喔！從旁協助也是為了孩子好。」

「你也不希望孫子以後變成沒有動力的大人吧？」

孩子吵架時適時引導，在一旁靜靜守護就好
～步驟③ 發展社會性～

社會性是什麼？

它是指「展現出能讓周遭人理解自己心情與想法的能力」，在三角形中，只有這部分必須在團體中學習。

孩子到了3歲左右，社會化的能力會開始快速提升，了解到必須尊重自己以外的他人（當然，會有個體差異，有1歲時社會性就已經萌芽的孩子，也有到了4歲還沒有學會的孩子）。從今以後，他們要學習如何「與他人一起生活」。

要學習社會性，首先要會吵架。當孩子開始跟其他朋友搶玩具的時候，就可以安心了。

在我們幼兒園，4月是最多新生進來的時候，這時期孩子很容易爭奪數量有限的腳

發展的三角形

踏車。有的孩子想要搶其他人正在騎的腳踏車，而正在騎的孩子就必須保護好腳踏車不被搶走，他們往往會互相爭吵、大叫哭鬧。

孩子們還沒有經驗，不知道這種時候應該怎麼辦。此時，保育士會介入，告訴他們該怎麼解決問題。

「這種時候，你可以拜託他，跟他說『借我騎』。要不要說說看？」

「借我騎～」

「……不要！」

「哎呀，他說不要。怎麼辦呢？接下來可以說『你騎完換我騎』。」

像這樣反覆進行對話練習，孩子就能學到「你玩好換我」的表達方式。另一方也會在自己玩完後說「給你」，並將玩具交給對方。「謝謝」一開始也是保育士幫忙說的，不過孩子很快就能理解並學會了。

有趣的是，**當孩子熟悉「你玩好換我」、「給你」、「謝謝」這樣的對話流程之後，爭奪玩具的事件也減少了**。一定是他們察覺到「跟對方說『借我』的話，等一下一定會輪到我玩」，所以就知道等待的時候可以先去做別的事情。

聽說有很多家長帶孩子去公園或親子館時，假如遇到爭奪玩具的情況，通常為了避免發生爭執，都會叫自己的孩子忍讓，或是直接帶離現場等。

但是像這樣爭奪玩具，對於還沒進入團體的孩子來說，其實是很好的機會。倘若對方的家長也是明事理的人，就很適合讓孩子進行「等一下借我」的練習。

另一方面，我們認為等孩子稍微再大一點……大概4～5歲（不過這只是參考），當我們覺得應該沒有問題時，就幾乎不會再介入他們的爭吵。

「等一下，你們在吵什麼？」不會像這樣一一詢問他們爭吵的原因。也絕對不會說

「好，現在握手言和吧！」來解決問題。

大人更不該跳出來說一句「吵架的兩個人都有錯」，並擅自決定兩邊都要處罰。

那麼保育士要做什麼呢？就是從旁確認吵架時有沒有危險性。如果只是口頭吵架或互相推擠的程度那就沒關係，但要是孩子拿出尖銳的鏟子之類的就必須阻止，然後拿捲成筒狀的報紙跟孩子交換。

大人只要注意安全就好，剩下的交給孩子（但是要注意孩子有沒有發展出「對自己引起的問題該負起責任」的能力，並協助孩子發展這項能力）。

像是爭奪腳踏車等等，累積這些爭執的經驗後，孩子就會培養出「解決爭執」的能力。實際上我只是在旁邊觀察，大多數情況下孩子們都會自己和好。

有趣的是，假如當事人無法透過溝通解決爭端，周圍的孩子也會加入裁決，用情理法來解決問題。4、5歲的孩子真的很厲害呢！

社會性一開始是孩子看著大人學習的，進入團體以後，孩子也會自然而然學會。特別是3歲以後，孩子就會需要這樣的環境。所以一般來說，都是在3歲時讓孩子開始上幼兒園。

親子之間的關係，對於發展社會性的幫助是有極限的。孩子也需要孩子的社會。

盡情玩耍能學到最多
～步驟④　學習知識～

在幼兒時期，最重要的知識並不是學注音、英文單字、物品名稱等「頭腦記住的知識」，而是「經驗的知識」。

「經驗的知識」聽起來是不是有點困難呢？其實不是什麼複雜的事，就是「玩」而已。

盡情地玩耍對孩子來說，就是最棒的學習。主體性、創造力、社會性、集中力、道德感、好奇心、危險預知能力……聽起來好像很貪心，但這些能力都可以透過「玩」來學習。盡情地玩耍才能幫助孩子，將來成為獨立自主的人。

在大自然中四處奔跑、和孩子王一起玩些有點危險的遊戲、讀繪本、做工藝、玩角色扮演遊戲……。孩子盡全力玩耍時，臉上的表情真的很快樂。他們會發出充滿活力的聲音，眼神中閃爍著光芒，專注在自己的事情上。此刻的孩子，會不斷往「發展三角形」的

發展的三角形

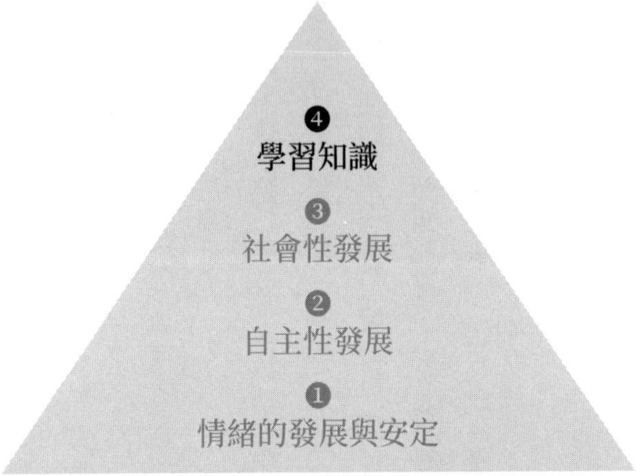

頂端部分成長。

另一方面，假如父母一直給孩子看電視或手機影片（有很多能力無法從單一來源的資訊中獲得）、填鴨過多的知識給孩子、不讓孩子做「有點危險的事」或麻煩的事，那麼三角形的頂端部分就無法成型。

也就是說，「讀書」以後再做就可以了。專注地玩、開心地大笑，玩到精疲力盡為止。像這樣的時光只有在孩提時代才有。

所以，請用「放養」的心態讓孩子盡情玩樂吧！有利於孩子成長的不是「讀書」，而是「學習」。

第4章
看過2800個孩子的我想傳達的「育兒祕訣」

超過60年，帶過2800位孩子。我一路走來的幼教現場

前面都是跟大家分享「如何培養孩子自由地活著的能力？」，以及穿插一些幼兒園內發生過的小故事。

這些都是我擷取蒙特梭利教育的「教育方式」及阿德勒心理學理念的「應對方式」，再加上村田老師所傳授的、以發展的三角形為基礎的「通往獨立自主的道路」，統整之後的內容。

每一個單元都是我認真學習後覺得不錯，並實際應用在幼兒教育中的理論。

我在30歲過後真正進入幼教現場，雖然自己說有點不好意思，但是我非常認真地學習。那也是因為我一直懷有一種自卑感。

因為我從來沒有上過幼教專門學校，只是一邊揹著剛出生的次男、一邊自學，剛好掌握到一點讀書考試的技巧才取得證照的……所以我一直都感到很不安。我擔心自己作為

一個保育士會不會欠缺一些重要的基礎？我會不會只學到一些表面的知識呢？我能夠成為一個對孩子來說很棒的保育士嗎？

因此，我成為保育士之後很積極地參與各種研修、演講與讀書會。

另外，如果有榮幸得到演講的機會，我都會更認真讀書、鑽研知識，直到現在都不曾改變。我家的次男，也就是園長每次都說：「我們幼兒園裡最認真讀書的就是大川老師。」到現在已經92歲了，我還是打從心底覺得學無止盡。

雖然如此，我很感動有很多爸爸媽媽願意來找我討論關於孩子的事。他們總是懇切地說：「大川老師，我想向您請教一下關於我家孩子……」

一定是因為我在教育現場已經超過60年，有照顧過2800位孩子的經驗吧！

在幼教現場，每一天、每分每秒都在發生一些不適用書中長篇大論，也沒寫在育兒書裡的「事件」。應該是因為我身為一個阿嬤老師，已經看過各式各樣的「現場」，所以大家才會覺得可以來找我討論吧。

所以，我想在這裡跟大家分享，這數十年來家長們來找我討論過的、關於孩子的內容。我想寫下各位爸爸媽媽來找我討論的各種育兒問題中，特別多人遇到，以及特別重要的內容。

當然，育兒沒有所謂的正確答案。

我想這之中會有能幫得上忙的內容，也有「這不適用於我家孩子」、「我想用另外一種方法」的時候。而我只是介紹當時我所回答的內容，請用讀幼兒園聯絡簿的心情看一看就好。

假如有天你在育兒上遇到困難，能夠想起「那個92歲的保育士好像有說過……」，我就十分開心了。

育兒問題　把那麼小的孩子交給幼兒園照顧，真的沒問題嗎？

↓ 比起照顧孩子的「時間」，愛的「密度」更重要

現在的職業婦女跟從前相比，增加了很多。

當然，這之中有因為經濟因素而不得不出去工作的人，也有人是因為想要做自己喜歡的工作。

不管理由為何，我對於「女性出社會工作」這件事抱持肯定的態度。

女性除了家庭之外還能夠擁有其他的世界，這變得理所當然。

女性的角色不再只有「母親」，可以用自己的名字活出自我。

雖然一邊工作一邊育兒真的很辛苦，但是我認為很了不起。

只不過，為了工作就得讓孩子讀幼兒園。一旦真的進入幼兒園生活，媽媽們往往一臉複雜的神情。

「雖然這是我自己選擇的路，但是不自己帶孩子真的好嗎？」看得出來媽媽們心裡的罪惡感。

特別是當孩子還是個未滿周歲、還很依賴媽媽的寶寶，或是感覺還像個嬰兒的1歲幼兒，這樣的情況下要把孩子帶去幼兒園，媽媽們心裡都會很糾結。

她們會想：「我想要去工作（或是：為了生活我必須去工作），但這樣真的沒關係嗎……？」畢竟現在還有很多人認為，把這麼小的孩子送去給別人帶，是很不負責任的行為。

媽媽們會這麼糾結，一定是很愛孩子才會出現這樣的心情。每當遇到這種情況，我都會看著孩子，心想：「你被愛著呢！真好啊！」

在我看過2800個孩子後我可以確信：

建立孩子與母親之間的羈絆，重要的不是「時間」而是「密度」。

在一起的時候度過多少「美好的時光」，才會決定親子之間的關係。

如果媽媽能夠重視親子共度的時光，一起歡笑，並且傳達愛給孩子，那麼一定不會有問題的。當媽媽來接孩子回家時，看到孩子開心地奔跑過來，就給他們一個大大的擁抱吧！跟他們說：「謝謝你等我。我好想你喔！媽媽看到你真開心。」

孩子只要這樣就會覺得滿足，大人的疲憊也可以因此一掃而空。我們保育士只要看大家的表情就知道了。

還有啊，雖然是自賣自誇，但是幼兒園真的是很不錯的地方喔！可以讓孩子盡情玩一整天，也可以學習社會化。孩子在幼兒園可以進行一些在家做不到，媽媽也沒體力陪玩的各種遊戲。

看吧！我說過「對孩子而言遊戲就是學習」。他們每天都有很充實的學習，所以媽媽們請放心。放下擔憂，盡情去拓展自己的世界吧！

還有一件事，在家長中偶爾也有媽媽對我們說：「我想讓孩子讀這裡，所以去找了一份工作！」雙薪家庭的話，讓孩子上幼兒園也比較沒有負擔。

像這樣的家長請先多參觀一些幼兒園，詳細地詢問清楚，如果夫妻倆都覺得不錯的話，再決定入學（假如孩子已經3歲以上，他們的意見也很重要）。

不用煩惱「把孩子送去幼兒園好像很可憐……」，反而是要找到「想讓孩子讀這裡！」、「這裡的孩子一定很開心！」的幼兒園，我想這樣一來也能夠減輕家長的壓力與罪惡感。

當然，不送孩子去托嬰或讀幼幼班也是很好的選擇。爸爸媽媽們如果認為「在上幼兒園中、大班之前想要自己帶」的話，也是很棒的決定。

給別人帶或是自己帶，都沒有什麼問題。

重要的是父母得做出自己可以接受的選擇。

不這樣做的話，也沒辦法跟可愛的孩子一起度過「美好時光」了，不是嗎？

育兒問題　吃飯時有很多狀況，讓我壓力很大

↓

孩子說「我不要吃」或是吃湯泡飯都不要管他們。
既然每天都要吃飯，就放寬心吧！

「不要！我不要吃！」

這應該是「媽媽最不想聽到的句子」排行榜前5名吧？

總之就是不愛吃東西、很挑食，要他們吃飯手就過來推開說「不要」……。面對這樣的孩子，每天的吃飯時間都讓家長很憂鬱。

但是大罵孩子「你給我快點吃！」，強迫他們吃飯的家長請等一下。

我覺得沒有必要這樣。

「我先放這裡喔！你想吃的時候再吃。」

如果是我的話會這樣說。

接下來就先不管他們。剩下的交給本人決定。

因為吃飯這件事你越強迫他們，他們就會越討厭。

如果無論如何你都希望孩子好好吃飯的話……我想想，可以做的大概就是請他們一起幫忙布置餐桌吧。請孩子幫忙拿碗、擺筷子等，然後父母再跟他們道謝。這樣孩子會覺得「爸爸媽媽很高興！（我也有貢獻）」，因此也跟著開心起來。心情好的話，說不定就會想加入自己也有參與準備的用餐時光（當然，可能也有一些情況不是這樣）。

另外，關於用餐的煩惱，也有很多家長會問：「孩子會把飯泡到味噌湯裡，這樣好嗎？」「孩子會玩食物，該怎麼辦？」如果是這種程度的問題，我應該不會管他們吧。家長可以正向思考看看，像是「他應該是在做什麼實驗吧？」、「是不是對吃飯產生興趣了呢？」，搞不好孩子泡了湯之後，會覺得飯菜更好入口也說不定。

雖然這樣說，家長如果還是介意餐桌禮儀，可以跟孩子說：「媽媽覺得不要把飯泡進湯裡比較好喔！」這樣如何？

如果想要把孩子矯正成「正常的孩子」，希望他們的一舉一動都符合自己預期而不斷干涉孩子的話，生活也會很辛苦吧。更何況吃飯是每天都要做的事，這樣很容易累積壓力。

特別是認真的媽媽，不要太神經質地過度反應。

只要告訴孩子：「你自己想清楚，自己決定。」保持輕鬆開放的心態就好。

育兒問題　一直沒辦法成功戒尿布

↓
戒尿布不是用教的，時機成熟自然就會成功

戒尿布是從孩子2歲半左右開始，媽媽煩惱的根源（最近好像很常稱做「如廁訓練」）。時不時也有人邀請我在外面演講，教新手爸媽如何戒尿布。

如果孩子是第一胎，根本連怎麼戒尿布都很難想像。從他們呱呱落地開始，不分晝夜反覆進行上千次的換尿布行為，現在親子倆終於可以一起從包尿布畢業了。孩子終於有所成長、邁向獨立的道路，家長應該也覺得幹勁十足吧。

那麼，首先我想傳達的是「**並不是『教』孩子戒尿布**」。

不是用教的，那是什麼呢？**應該是「協助」孩子邁向獨立自主吧**。

所以就算一直失敗也不用想得太嚴重。

因為沒有人到20歲還在包尿布吧？也沒有孩子一路包尿布到上小學、國中，對吧？在我們的畢業生當中，完全沒有這樣的孩子。總有一天孩子會不再需要尿布，只是現在時候未到而已。當然，假如是身心障礙者就不在討論範圍內。

而且你想想看，孩子從出生後就開始包尿布，這兩年多來想尿尿的時候隨時都可以尿尿，所以會失敗也是很正常的事。更何況他們儲存尿液的膀胱也還沒有發育成熟。

戒尿布的煩惱可能是在於，不知道什麼時候可以成功（結束）。

不會一到2歲半的時候大家的膀胱就突然準備好，要是事情真的那麼單純就好了。可惜沒有那麼好的事。

「那家」的孩子在2歲時就成功戒掉尿布了，「這家」的孩子都3歲了上廁所還是很不順利。而「我們家」的孩子會是哪一種，不試試看也不會知道。

事實上，我自己的孩子每一個人的情況也不一樣。大兒子很快就戒掉尿布了，現在的園長，也就是二兒子在戒尿布的時候卻很辛苦，小兒子更是動不動就尿床，最後甚至還說：「如果睡衣又濕掉的話很麻煩，我裸睡就好了。」雖然過了那麼久，已經可以當笑話看待，在當時可是一點也笑不出來。

所以我真的很了解各位父母的辛勞與煩惱。

我在看過那麼多孩子以後，只有一件事我非常確信。那就是，**父母在孩子戒尿布的過程中，失敗時如果過度反應的話，反而會讓孩子更難戒掉尿布**。父母越是著急，越是生氣，這段過程反而會拖得更久。

孩子其實很敏感，被罵時不好的記憶會跟廁所連結，讓他們對上廁所這件事情感到退縮。

在我們幼兒園也曾經有過一直戒不掉尿布的孩子。

一轉眼就4歲了，媽媽十分焦慮，每天都會問我：「大川老師，到底該怎麼辦？」

也許是因為我看起來太沒有緊張感了，媽媽甚至還說：「再這樣下去我要讓孩子轉學了！（還好最後回心轉意）」

如果轉去其他幼兒園，似乎會定時讓大家一起去上廁所，這好像是主流的戒尿布方法。在孩子自己說「我想尿尿」之前，就把大家一起帶去廁所，總之先把身體裡的尿液排出去。

這麼做的話的確可以降低失敗率，那位媽媽也是希望我們像這樣強迫孩子戒尿布。

雖然身體還未成熟，但孩子也是人。每一個人覺得「我想尿尿」、「想要便便」的時間都不一樣吧。

對我來說，還是希望孩子可以自己感覺「好像有點癢癢的」、「可能是想要上廁所」，所以我們幼兒園不會做如廁訓練。

當然，就算失敗我們也不會生氣。

「哎呀，不小心尿出來了，下次更早一點去廁所吧！」

像這樣跟孩子說，然後換掉衣服，這樣就好了。由於孩子不會被罵，所以他們也不會感到太難過。

但是，「失敗的話有點丟臉」、「衣服濕掉很不舒服」，孩子會漸漸萌生出這種心情，接下來對「我想上廁所」的感覺也會越來越敏銳。先告訴孩子尿褲子時的處理方法（跟孩子說「下次可以更早一點去廁所」，然後換衣服）也是我們的重點之一。

對了對了，剛才提到一直沒辦法戒尿布的孩子，後來怎麼樣了呢？

那孩子4歲後，媽媽好像換了工作，工時變長也變得更忙碌，比較沒有時間對孩子發火，孩子反而成功地戒掉尿布了。

孩子在面對壓力時都會很誠實地表現出來呢！

育兒問題　希望孩子安靜一下的時候，就會不得已給他看電視
↓
一天最多看兩小時影片，如果媽媽也在身邊的話更好

現在這個時代，不論是電視、遊戲、手機或是電腦都可以看影片，很多父母不知道該如何應對這樣的情況。

我也在「瑪利亞之丘通信」中跟幼兒園的家長們提過：

「孩子2歲以前還是盡量不要讓他們看電視。之後一天最多看2個小時就好。」

當然，看電視的時間是越短越好。

我看過那麼多的孩子，我可以確信**電視兒童或手機兒童的語言能力發展較慢，就算沒有這個問題，溝通能力也會比較差**。這些孩子似乎沒辦法好好跟現實中的人對話。

關於這點，我對一個叫做小安的孩子印象深刻。

在夏天快結束時，小安的導師來找我談，他說：「我跟小安說話時都有一種雞同鴨講的感覺。」小安那時4歲，可以自己一個人滔滔不絕一直講話，所以沒有語言發展遲緩的問題，但是目光卻會對不上，而且對話也不順利。

於是我們就問小安媽媽，小安在家的時候都做些什麼？

結果發現媽媽幾乎是讓小安一直打電動，也不太跟他說話。就算是在來回幼兒園的5分鐘路程中，也會在車上打電動。回到家後，除了吃飯跟洗澡一直都在打電動。

嗯，我想這就是無法跟小安對話的原因了，於是我們建議小安媽媽：「不要再讓他打電動了。要不要試著多增加跟小安說話的時間？」

於是媽媽面帶困擾地說：「我知道了。可是我不知道要跟他聊什麼？」雖然聽到她這樣說讓我有點驚訝，我還是建議：

「聊什麼都可以啊！像是『你今天在幼兒園玩什麼？』、『營養午餐好吃嗎？』都可以，總之可以多問問小安的事。」

這位媽媽非常誠懇，她立刻就實踐了我的建議。

之後怎麼樣了呢？沒想到不到一個星期，就可以順利跟小安溝通了！對話變得流暢，說話時他也會看著對方的眼睛。連提供意見的我，都很震驚能有這麼好的效果。

類似的情況，有一個叫小修的孩子，在上小學前的健康檢查中被告知「無法進行正常會話」。小修是爺爺奶奶照顧的，他們會一直給他看ＤＶＤ。雖然我曾多次提醒，他們也沒有聽進去。

不過，爺爺奶奶在被叫去教育委員會、要求他們改善後，總算願意認真面對問題，之後將近半年都很努力不給小修看ＤＶＤ。後來小修也順利入學了。

我們保育士一起去小學教學觀摩時，問小修的班導說：「小修在學校怎麼樣？有順利交到朋友嗎？」對方說：「為什麼這樣問？有發生過什麼事嗎？」看來已經完全沒有問題了。

不管是小修還是小安，他們絕對不是在沒有愛的家庭中成長，因為在發現問題後，家長們都很認真地面對。

我想家長們可能是不知道該跟孩子聊什麼，而且生活又很忙碌，所以才會給孩子打電動或是看影片，讓他們可以長時間專注在這些事情上。

但如果只是盯著畫面中的人物，就沒辦法培養出在現實中與人對話的能力，也無法提升理解他人表情與言外之意的能力。

另外，**如果孩子對影像中過多的資訊量習以為常，想像力就會變得薄弱**。而且也會覺得資訊量相對少的繪本很無聊，尋求更多具刺激感的影像……進入這樣的惡性循環中。

當然，我並不是說完全不要給孩子看電視或打電動。

因為大人在煮飯或化妝等，暫時需要孩子安靜的時候，電視真的是好幫手。

而且在這個時代，要孩子完全不接觸手機也不實際（我很驚訝現在的家長遇到問題立刻就會用手機搜尋）。

所以「一天最多看兩個小時」。

也許有人會覺得兩個小時好像有點太寬容，但我認為早晚各一小時的話還在容許範圍內。

不過，**盡量還是不要讓孩子「持續一直看」電視或手機。可以不時跟孩子說話，或是坐在孩子旁邊，把他們抱在腿上，「一起」享受這段時光**。

完全是題外話，不過其實我自己也很喜歡玩消方塊的遊戲，每天晚上睡前都一定會玩，甚至玩到有點擔心血壓會太高的程度。有時候不小心太沉迷，還要達到目標分數才會去睡覺。

不過我都會這樣安慰自己：「至少我沒有玩超過2小時啊～而且我都已經超過90歲了，沒關係啦！」

育兒問題　怎麼選擇孩子的才藝課？

→選孩子「想做的事」，並幫他們找一流的老師

我認為幫孩子選才藝課的原則很單純，就是：

「孩子說『想要學』的就讓他學，孩子說『我不想學了』就結束。」

我覺得各位爸爸媽媽們都太嚴格看待孩子「不想學」的情況了。

當孩子說「我不想去上課了」，常有父母會堅持：「都學到這裡了，再上一陣子看看嘛！」但是這樣只是在拖延時間，遺憾的是到最後往往也是一場空。孩子沒有動力的話，練習時不會投入，只會放空，大人也會很訝異，孩子怎麼完全都沒有進步。

還有，不時會有家長把自己想學的才藝寄託在孩子身上，我必須說，這是絕對不行

的。我知道家長沒有這個意思，但是這樣做等於無視孩子自己的人格。

請尊重孩子想要學、想要做的事。

趁還小的時候盡量讓他們做喜歡的事。

才藝課是孩子會很興奮地去上課才有意義。

另外，當孩子要開始學習一項新東西時，不要覺得「那不就是孩子玩的才藝課而已嗎？」，應該盡可能幫他們挑選一流的老師。理由有兩個。

第一個理由是，三流的老師只會教三流的內容。應該很好理解吧？

第二個理由是，一流的老師溫暖富有人性。一流的老師不止有厲害的技術，也願意貼近學不會的學生的心。

一流的老師不會罵孩子「你怎麼連這個都不會！」（這是二流、三流的人才會做的事），對孩子也很溫柔，教學細心，能讓孩子感受這件事的魅力之處。

一流的老師培育出的幼苗，以後會長成粗壯的大樹。

這是我自己的親身感受，因為我也有與一流老師相遇而使人生更加豐富的經驗。

我自己有點不太記得了，不過我3歲左右時好像曾在日比谷公會堂欣賞過舞台演出。據說那時候的我從觀眾席站起來，隨著音樂跳舞。旁邊的觀眾也看得很開心，還一起幫我打拍子。

當時家母看了我的反應後心想：「原來這孩子喜歡跳舞啊！」便讓我去日本舞蹈家的始祖，職業舞者石井漠老師的舞踏研究室上課。雖然我只從3歲學到6歲，但是能夠跟石井老師學習舞蹈，我真的十分幸運。

直到現在我都已經90幾歲了，還是沉迷於40歲以後才開始接觸的體態律動，而且為了能夠更加精進，我還專程去東京與高崎練習，我認為這一定是因為我在石井老師那裡學習舞蹈的經驗，幫助我打下了基礎。

而且可能也是因為石井老師教會我「舞蹈的魅力」，且至今還留在心裡，我才會去嘗試體態律動。

後來在學習體態律動時，總覺得有一種懷念的感覺，我才知道原來石井老師也是將體態律動推廣到日本的其中一人！年幼的我只知道那是「跳舞」，原來課程中也有體態律動的要素在裡面。

我到現在還是很感謝母親幫我找到了石井漠老師。

讓跳舞成為「陪伴我一生的才藝」。

育兒問題　不知道該不該讓孩子上英文課

→要培養孩子的想像力，必須先慢慢累積「國語」能力

「在兒童時期，比起學英文，應該讓孩子認得3000個國語詞彙。」我去聽某一個演講時，有一位學者這樣主張。關於學習英文有各式各樣的理論，但是我也贊成這位學者的想法。

在我看了孩子們「日後」的成長以後，我認為不用急著在幼兒階段學英文。所以我們幼兒園也完全沒有任何英語教育。

雖然是這麼說，但是要給孩子什麼樣的教育還是取決於父母。所以我不會強烈主張「絕對不要給孩子學英文！」。

只是單純就我個人而言，**在孩子感受性還很豐富的時期，會想先將國語的豐富性傳達給孩子，我相信這也會連結到孩子的想像力**。

有一本繪本叫《我會穿衣服》（文：渡邊茂男，圖：大友康夫，信誼基金會），故事裡的小熊會不小心把衣服當褲子穿，把鞋子戴到頭上，每次他都會歪頭問：「我該怎麼辦？」然後⋯⋯。

「沒錯沒錯，衣服要穿在身上。」

「沒錯沒錯，帽子要戴在頭上。」

穿戴好以後，小熊就滿臉笑容地出門去了。這是一本很可愛，孩子們都很喜歡的繪本。

據出版這本繪本的日本出版社說，美國有人來接洽，希望這本《我會穿衣服》可以翻譯成英文在美國販售。但是翻譯上卻遇到困難，以致這件事停滯不前。

因為在英文中，「穿」跟「戴」全部都是「put on」。而這本書裡最重要的精髓「沒錯沒錯，衣服要『穿』在身上」、「沒錯沒錯，帽子要『戴』在頭上」就表現不出來了。倘若無論如何都沒辦法表現出這本繪本中語言的有趣之處，也沒辦法傳達出繪本的魅力所在的話，翻譯者也只能舉白旗投降。

這本《我會穿衣服》真的是可以感受到語言細膩之處的繪本。

我很喜歡表現豐富的日本語。

一樣是「下雨」，也分成「綿綿細雨」、「傾盆大雨」跟「滴滴答答的雨」，眼前浮現的場景也截然不同。孩子在聽繪本時會感受到語言的細膩之處，並且分別在腦海裡描繪出景象。

所以我希望至少在幼教現場，可以更加重視國語。

讓孩子可以接觸到大量美妙、有趣的詞彙，成為一個想像力豐富的人。

育兒問題　孩子缺乏專注力，在必須安靜的場合也會吵鬧

→用遊戲的方式吸引孩子，從快樂的遊戲中培養專注力

每週一次的體態律動時間，孩子們常常會過度興奮、靜不下來。意識也飛去不同的地方，沒辦法集中。

這種時候我就會拿出太鼓。

一開始我會說：「聽到鼓聲大家就一起站起來！」然後「咚」地敲一聲。

這時孩子們還是嘰嘰喳喳的，但是也覺得有趣，所以紛紛站了起來。我又說：「再敲一下就一起坐下吧！」接著「咚」地敲一聲。孩子們開始把注意力放在「聲音」上。

就這樣「咚、咚、咚」地敲著鼓，孩子們也跟著站起來或坐下。敲幾次後突然停下

來，然後說：「我沒有敲的時候不能動喔！」孩子們就會覺得很有趣，也更集中注意力。接著會請孩子跟著鼓聲一起拍手，「啪、啪、啪」，又突然停下來。這時候如果沒有集中注意力就會拍錯。

「哎呀，沒有達到100分，3次100分我們就開始體態律動吧！」我這樣說的話，大家就會更聚精會神盯著我看。

等注意力都提升以後，就可以開始上體態律動課了。假如一開始能讓孩子專注的話，在上體態律動時他們也會維持一種舒適的緊張感（聽聲音的方式會變得敏感）。

「看我這裡！」「大家安靜！」

要是像這樣大聲命令孩子，原本開心的時間就會蒙上一層討厭的氣氛。

另一方面，趟若能像這樣用遊戲的方式吸引他們，原本愛胡鬧的孩子也會「自己主動」專注於我的動作。並不是強迫孩子服從命令，而是他們自己決定「我們安靜下來看大川老師要做什麼吧」。

越想要命令孩子，他們越會反彈。但是用遊戲的方式很容易就能使他們接受。

這不是北風與太陽的故事，但是一樣要思考如何引導孩子自己動作……保育士這個工作也很需要動腦呢！

用這個方式不行，就換成這個、換成那個試試看，思考的過程也很有趣。

在家時，各位父母也可以想想看要用什麼遊戲來吸引孩子注意。

育兒問題　我家的孩子成長比別人慢／太文靜／太霸道

↓

每個人的成長速度與個性都不一樣，
而且以後也會改變

「我家孩子好像長得比其他人矮小。」

「那孩子已經那麼會講話了，我家的還只會說隻字片語。」

「他又搶別人的玩具了，這樣會不會被排擠？」

育兒時總有擔心不完的事。已經不知道嘆了幾次氣問道：「這樣沒問題嗎？」

然而，**每個孩子的個性都不同。每個人有不同的行為舉止，每個人有不同的成長步調，這些都是理所當然的。**

只看過一兩個「自己家的孩子」可能比較不了解。如果像我一樣身處在幼兒園這樣的環境，而且看過2800個孩子的話，就會知道我在說什麼。

而且家長們每天跟孩子相處，可能比較難感受到孩子其實不會一直停留在原地。並不只是做得到的事情變多了，性格、特徵也一直在變化。

所以，假如家長只看到孩子現在的樣子而感到擔心的話，我覺得有點可惜。

比方說，在孩子的「社會」裡，到了3歲左右會出現一個「老大」。通常個子高大、口齒伶俐、力量很大……也就是「發育比較早的孩子」，比較容易當上老大。

與老大的應對方式，每個孩子都不一樣。有會跟老大競爭的孩子、聽從老大命令的孩子，也有老大一接近拔腿就跑的孩子……。

我深切感受到，孩子的社會就跟大人的一樣，聚集著各式各樣的人。

但是，到了5歲左右，其他孩子也逐漸長大，成長的差距便開始縮小，每個人擅長的部分也開始展現，都在老大後面窮追不捨。

有雖然身材比較嬌小，但是更伶牙俐齒的孩子出現。擅長畫畫、做美勞的孩子也很引人注目。而原本溫順的孩子，也開始會主張「不要這樣」。

這麼一來，老大的地位相對下降，原本被當成小弟的孩子們也把老大比了下去。接著到了要畢業的時候，已經找不到明顯佔優勢地位的「老大」了。……每年這樣看下來真的很有意思。

會成長，會改變。這就是孩子。

霸道的孩子變成認真的孩子。

壓抑的孩子變成領導型人物。

也有幼兒時期不愛吃飯、長得嬌小、內向，讓媽媽擔心不已的孩子，最後長成180公分的健壯橄欖球員。

就算現在預想孩子的個性，未來誰也不會知道。

在幼兒園時孩子就一直在改變，而當他們畢業成為國中生、高中生、大學生以後回來學校，也常常都會讓我嚇一大跳！

所以說，**無須只看到孩子現在這個瞬間，就煩惱「這個樣子該怎麼辦？」，其實未來會怎麼樣沒有人知道**。

每個孩子都有自己的成長步調，這很正常，請把眼光放遠，靜靜守護他們吧！

育兒問題　請教我選繪本的方式①

↓沒有正確答案，但是不要用繪本教育孩子

「在栃木縣的保育士當中，只要提到繪本，就會想到小俣幼兒生活團的大川繁子老師。」

為了能讓別人這麼想，我也是一路努力過來的。

我很認真參與各種講座與研修，不斷精進自己，也做了很多練習。

因此得以讓孩子……也不能這樣說，孩子本來就很喜歡繪本，幼兒園的孩子們一天當中也會要我唸好幾次繪本，有時候整天都圍在旁邊催著我說：「大川老師，唸繪本！」

可能是看到孩子們都很喜愛繪本，家長們經常問我關於繪本的問題。對於這個主題

我也有很多話想說。

所以接下來我會統整這些關於繪本的討論與疑問，並分享給大家。

首先，最多人問的就是「該如何挑選繪本？」。

但是我必須先說清楚，**沒有什麼「具有教育功能的繪本」，沒有那麼方便的東西**。我一直強調「不要想把繪本作為教養的工具，或是認為繪本有助於增進知識」。

……覺得震驚嗎？

繪本就是親子可以一起「開心享受的讀物」而已。

「這好像對孩子的教育有幫助！」「想將孩子培養成愛讀書的人！」假如家長帶著這樣的企圖唸繪本給孩子聽的話，孩子很快就會發現了。

越是對教育有熱忱且認真的父母，在讀繪本時越容易像這樣不時給孩子「考試」：

「你看，這裡開了好多花喔！你數數看紅花有幾朵？」

而唸完繪本後，也會像這樣進入「道德時間」：

「所以要跟兄弟姊妹好好相處，懂了嗎？」

想想看，如果自己在讀書的時候也被這樣對待的話……是不是會覺得很掃興呢？

唸完繪本後，只要跟孩子說：「唸完了。好有趣的故事喔！」像這樣結束就好。

唸繪本的方式也沒有正確答案。

就用父母喜歡的、開心的方式唸給孩子聽就好。

只不過那些適合0～1歲幼兒的、沒有情節的繪本，像是《滾滾滾》（暫譯，原書名為《ころころころ》，元永定正，福音館書店）等書，可能就比較困難一點了。有些父母反映，不知道該怎麼唸這種書給孩子聽。

不過，像這樣的繪本雖然大人完全不知道是什麼意思，但是在唸給孩子們聽時，他們興奮的程度甚至會讓你覺得「有那麼有趣嗎？」。可以試著配合孩子的反應製造出高低緩急、抑揚頓挫等不同節奏。我最喜歡藉由嘗試錯誤不斷精進自己了。

「可是老師，我不會這種方式……」也有人這樣說。我覺得那也不用勉強自己唸得多好。

等孩子提出什麼要求的時候，再配合他們就好。

「只要孩子聽到父母的聲音，那就有意義了吧！」像這樣正面思考也不錯。

育兒問題　請教我選繪本的方式②

↓選擇出版超過10年，而且媽媽也喜歡的經典書

關於繪本，有很多讓我印象深刻的小故事。

舉例來說，像是《小白熊的鬆餅》（暫譯，原書名為《しろくまちゃんのほっとけーき》，若山憲，小熊社）這本書，我就能想到兩個故事（這是1歲幼兒很喜歡的繪本，1972年出版，印刷超過300萬冊的超級暢銷書，我想大家應該都有看過）。

第一個小故事是，當我唸完繪本後，有個孩子這樣說：

「大川老師，小白熊有3件圍裙呢！」

「咦？真的嗎？」我這樣想，重新再看一次，發現是真的。

小白熊做鬆餅的時候穿的是橘色的圍裙，吃鬆餅的時候穿的是綠色的圍裙。吃完鬆餅洗碗的時候穿的是藍色的圍裙。我看這本繪本已經超過20年了，卻完全沒有發現。大人很容易就會把注意力放在文字的部分，但孩子卻很認真地看圖，我又重新理解到這點。

另外一個故事，是一件讓我反省自己的事。故事裡的小白熊最後總共煎了4片鬆餅，所以形容煎鬆餅的那一頁要反覆唸4次。

有一天，快要到午餐時間的時候，小新拿著《小白熊的鬆餅》過來說：「大川老師，唸這個。」我看了一眼時鐘，心想：「應該還來得及，讓他等也很可憐，還是趕快唸給他聽吧！」便把繪本打開……。

讀到每次都會重複4次的煎鬆餅場景時，我才準備要唸第2次，小新卻說：「我不要聽了。」

「怎麼了？不是每次都要聽4次的嗎？」

我這樣問他，結果小新興趣缺缺地說：

「今天的鬆餅很難吃，不要了。」

什麼！

應該是在唸繪本的過程中，被孩子發現我心不在焉了吧。我跟別人說起這件事時，大家都很驚訝小新竟然用「鬆餅很難吃」這樣巧妙的方式來表達。

但是呢，孩子就是這麼敏感，而且擁有這麼豐富的感受性。

這個故事帶給我的教訓是……如果你希望孩子對繪本感興趣的話，首先說故事的人，也就是父母本身也要樂在其中才行。

如果父母在唸繪本時帶著「好有趣」、「好可愛」、「好棒的故事」這樣正面的情緒，孩子的眼神也會閃閃發光，靠近繪本認真聽故事。

因此不管是多精彩的繪本，如果我自己提不起興趣或是不喜歡的話，我就不會唸給孩子聽。

像是《野獸國》（莫里斯桑達克，英文漢聲）這本世界名作，我因為不太喜歡圖畫的風格，所以一直沒有讀過。要是不情不願地唸給孩子聽，我想他們也會發現吧。

繪本必須選擇可以觸動自己內心的作品。

這是選繪本的一個大前提，如果非得要我說一個簡單易懂的「選繪本方法」……。

我做保育士已經60年了，讀了那麼多的繪本，我認為**假如是可以在市面上存在超過10年的繪本，那一定是有趣的繪本**（個人喜好暫且不談）。可以成為長壽商品的繪本，一定有其可取之處。

育兒問題　請教我選繪本的方式③

→繪本有可能「太難」，但是不會「太簡單」

寫在繪本封底的適讀年齡可以作為挑選繪本時的指標，很多人在為自己家孩子挑選繪本時，也會以此作為參考。

雖然適讀年齡可以當作挑選的指標，但是**我認為「雖然有對孩子來說太難的繪本，卻不會有太過簡單的繪本」**。

比方說，將「適讀年齡5~6歲」的繪本讀給2歲的孩子聽，會怎麼樣呢？沒錯，他們很快就會覺得無聊。孩子會把臉轉向別的地方，或是跑去玩別的。適合2歲孩子與適合5歲孩子的繪本，不論是文字與圖畫的配置，還是故事的複雜程度都不一樣。通常對2歲的孩子來說，他會不懂適合5歲孩子的繪本哪裡好看。

但有趣的是，如果是相反的情況，把適合2歲孩子的繪本給5歲孩子看的話，完全不會有任何問題。像之前說的《白熊的鬆餅》，還有像《哇，不見了！》（松谷美代子，台灣麥克）這種頁數很少的簡單繪本，給5歲的孩子讀他們一樣十分感興趣，而且讀得很開心。

「我家的孩子對繪本沒興趣……」

「最近想唸繪本給孩子聽的時候，他們都會跑去玩別的。」

有這種困擾的家長，會不會是因為選到對孩子來說還有點太難的繪本了呢？

「要不要把孩子以前的繪本再拿出來唸給他們聽試試看？」

我給家長這樣的建議後，下次見面時家長很高興地跟我說，孩子願意聽繪本了。

說到關於繪本的煩惱，有一天，小朔的媽媽一臉擔憂地來找我。

「老師，我家的孩子連續3個月都只借《小象散步》（中野弘隆，親子天下）回來，我很擔心他對其他的書都沒有興趣。」

對家長來說，確實會希望孩子可以讀各式各樣的繪本。希望他們能接觸大量的語言、希望他們拓展出更大的世界，希望他們遍覽國內繪本和世界繪本，接觸各種繽紛的色彩。我了解家長們或多或少都有一些這樣的「私心」。

但是呢，**如果孩子對一本繪本情有獨鍾，表示他正在塑造自己的「心」，是一件很棒的事**。而且並不只限定於繪本，當他們說「我想要這個」，表示他們有按照自己的意志做選擇，而且很清楚自己的「喜好」。

我有一個朋友的嫁妝還是《古利和古拉》（中川李枝子，信誼基金會）呢！在童年時喜歡的東西，會成為像是朋友一樣特別的存在。

所以請好好珍惜孩子的心情。

育兒問題　孩子拿繪本給我唸，卻不會聽到最後

↓

繪本只不過是與孩子溝通的道具。

既然孩子拿過來了就唸給他們聽吧！

有一次，保育士日誌上有人寫著：「小宗拿繪本過來要我唸給他聽，可是當我開始唸的時候，小宗卻站起來，又跑去拿別本繪本過來。不知道該怎麼辦才好？」

啊啊，我懂我懂，看著日誌我笑了。像這樣的情景歷歷在目，為什麼孩子會不斷做出這樣的舉動呢？

通過「唸給我聽」與「好喔！」這樣的對話，大人便會唸繪本給自己聽，也許孩子是喜歡這樣的交流過程本身。

大人有「書必須讀到最後」的意識。

所以當孩子中途離席時，就會心想「吼～把故事聽完啦！」，覺得很煩躁。但是這種時候就配合孩子吧！每一次當他們拿繪本來，就唸給他們聽。敬請家長們配合孩子，直到他們心滿意足吧！

也有父母會擔心：「他是不是專注力不夠？」其實不用緊張，孩子只不過是覺得現在不是把故事聽完的時候，或者是覺得這本書比想像中無聊，也有可能是他們發現父母心不在焉。搞不好是因為覺得封面很漂亮就拿過來了。不管原因為何，都沒有太深的含義。

繪本並不是育兒過程中不可或缺的東西，說穿了就只是親子之間交流的道具而已。

「雖然孩子完全沒有在聽故事，但是他拿了很多的繪本給我呢！」這樣其實就足夠了。

第5章

關於一個「母親」的人生，我想告訴你的事

沒有比「夫妻和睦相處」更好的育兒環境

到目前為止，我都是一邊跟大家分享幼兒教育的心得，同時穿插一些孩子們可愛的小故事。不知道有沒有帶給各位一點點幫助呢？

最後，我作為人生的前輩，想跟各位談一下關於人生的課題。並不是因為我活得比較久，而是因為我不只看過很多孩子，也一樣看了很多爸爸媽媽。

就跟幼兒教育一樣，我認為人生中也應該盡量刪去「非得怎樣不可」的部分。要重視自己的欲望，更自由地過活，因為這樣一定更快樂啊！我希望各位爸爸媽媽也可以這樣過自己的人生。

特別是那些**「作為母親就非得怎樣怎樣」**、**要求女性忍氣吞聲的聲音**，**已經是好幾世紀以前的觀念了吧**。

例如有人說，「媽媽就應該隨時保持笑容」，但是媽媽不是神也不是機器人，也是會有身體不舒服、心情不愉快的時候。就算對方是孩子，也不可能永遠對他們表現出美好的那一面。

但是，**夫妻吵架就是另外一回事了。我希望家長盡量不要讓孩子看到夫妻吵架**。只有這件事「絕對不行」。

當然，生活在一起一定會有摩擦，也會有嚥不下這口氣的時候。我認為將自己的心情告訴對方，並且積極解決問題是很重要的。

但是當你想要向對方抱怨時，請先深呼吸一口氣，等孩子不在的時候再說出口。當孩子看到自己最喜歡的爸爸媽媽在爭鋒相對、口出惡言，甚至動手動腳……。

這樣對孩子來說一定是很大的壓力，甚至會造成永久性的傷害。

前一天孩子家裡如果發生了什麼事，隔天來上學時我們一定會察覺到。

如果無論如何夫妻關係都無法修復，我會覺得：「那就離婚啊！」

……這樣說太直接了？那就當作老奶奶在亂說話，原諒我吧！

我自己的祖母也離過婚，在當時的年代是很不尋常的事。家母也在我6歲時與丈夫天人永隔。所以我一直不覺得家庭中一定要同時有父母。

「為了孩子，我不能離婚！」

常聽到有人這麼說。但是說難聽一點，離婚總比讓孩子看到家暴現場要好上100倍。

以前有個孩子的媽媽遭受丈夫家暴，離婚後便搬回了娘家。那個孩子很會看大人的臉色。

當他專注地看著我的臉時，我很想抱緊他，跟他說：「已經可以了，你不需要那麼戰戰兢兢的喔！」

不只是家暴，我可以斷言，所有會導致孩子沮喪的環境都非常不好。

那孩子寂寞的眼神，我到現在都忘不了。

良好的夫妻關係很重要。

我打從心底認為，沒有比這個更好的育兒環境了。

不是作為一個「妻子」，而是作為一個「媳婦」的，我的反省

「這麼說來，大川老師家的夫妻感情很好囉？」如果有人這樣問，老實說有點尷尬。雖然我們夫妻並沒有感情不睦，但是說實話也沒有很親密。

我會這麼說是因為，從我20歲結婚到現在，一直是作為「大川奈美的媳婦」，而不是「大川邦之的妻子」生活著。

這要從很久以前的事情說起。

我出生於東京，與祖母、母親與弟弟住在一起，過著算是小康的生活。祖母經營著東京第二大規模的助產士與護理師派遣公司。

平常助產士與護理師們住在我們家2樓，一旦接到電話，知道哪裡要準備生產了，就會聽到走廊上奔跑的聲音，之後要等到她們協助生產完才會回來。一般都是這樣的情況。

祖母是一名公司經營者，曾有一段時間資助在當研究員的祖父，但是後來因為一些事情便離婚了。我想他們能夠那麼乾脆就離婚，也是因為祖母自己有穩定的經濟收入。

我們家裡通常都住有50位以上的年輕女性，而且在我6歲時父親過世後，母親就回娘家幫忙祖母的事業。

所以我的生活中可以說充斥著「工作的女性」（雖然還有我弟弟）。那時候她們有人熱中於政治活動，也有男人一到年底就跑來跟她們要錢，在當時可以說是一些思想很開放的女性。

那時候從洗衣煮飯到所有的家事，全部都是由寄宿在我家的助產士實習生們包辦。打開水龍頭就有水流出來，也有瓦斯可以用。雖然說是戰爭時期，我們卻過著衣食無缺的生活。

然而戰爭結束後，我嫁去栃木縣的遠親大川家，生活便有了180度的轉變。

隨著我的婆婆撂下一句「只要我說是黑，就算它是白的你也得同意」後，我的結婚生活拉開了序幕。

我在公公的醫院裡幫忙，同時也要像個「好媳婦」認真包辦所有的家事。說來有點丟臉，婚前我連米要怎麼洗都不知道。去井裡取水、搧著柴火燒洗澡水等，都是前所未有的經驗……那時候可以說是吃盡了苦頭。

最重要的是，當初是因為公公說「妳要不要嫁來我家？」才會結婚，所以我其實對丈夫的事情一無所知。

當他們提親時，母親只說：「自己的事情自己決定。只不過後果也要自負。」於是我也下定決心：「既然他們邀請我，我就嫁過去吧！」我幾乎從未想過未來的丈夫是怎麼樣的人。

遺憾的是，結婚後我們夫妻倆都沒有時間，也沒有想過要去互相了解。丈夫在地方上的風評不錯，可是不會清楚表達自己的意見，而我也因為媳婦的工作、育兒及之後的幼教工作等種種事情，忙得不可開交。

所以當婆婆過世之後，丈夫說「我們兩個之後要不要一起去旅行？」，好像終於要開始踏出「像是一般夫妻」的第一步時，我卻覺得很困擾。

我們已經結婚36年了，這段時間早已把「兩個人並肩一起走」的感覺消磨殆盡，我心想：「事到如今才說這些？」

之前也提過，我們並沒有感情不睦，而且到對方過世之前我們也一直維持著夫妻關係，只不過沒有像是同伴或戀人般的情感。這樣的結果好像還是有些遺憾。

因此，我都會跟年輕人說：「**無論如何都要維持良好的夫妻關係！**」

在我57歲左右時，足利市長說：「我想要請您擔任一項比教育委員更重要的工作。」他請我當女性話題懇談會的主持人，那時候跟許多女性們熱烈討論關於夫妻的話題。

有一個認識的市議會議員跟我說：「大川老師啊，請不要教壞我家老婆。」我就反駁他：「你在說什麼！我都是跟她們說夫妻關係比什麼都重要，這樣對你來講也是好事吧！」

從以前「媽媽與孩子＋爸爸」到現在「夫妻與孩子」的時代

不論是女性的人生還是生活方式，跟以前相比都產生了巨大的變化。

以前的人一般都生4、5個孩子，就算生到10個也算不上什麼稀奇的事。也就是說，育兒佔據了人生很長一段時間。

等到最小的孩子結婚、離開家裡時，自己已經差不多60歲了。那時的平均壽命也比現在短，所以夫妻倆一起走完人生最後的時間，差不多是10年左右。

但是最近的夫妻，平均生育人數減少。雖說生第一胎的平均年齡上升，但是孩子成家時夫妻倆通常都還沒退休。加上平均壽命也大幅延後，與從前相比，兩個人相處的時間增加了許多。

我想現在正在看這本書的你，生活與意識也大多是被孩子的事情佔據吧。但是孩子總有一天會獨立，離開父母的身邊。

也就是說，**「父」、「母」這樣的角色，有一天將不再是你生活的重心**。

然而「夫妻」間的關係，只要兩個人沒有異議，到天人永隔之前都會持續下去。

因此我希望大家不要像我一樣，等到多年以後想修復夫妻關係，才感到力不從心。可以的話，從現在開始就要建立良好的夫妻關係。

建議大家**不時檢視「我們現在這樣的相處模式，等到以後只剩我們夫妻倆時，會不會有問題？」**。

對了，我還有些話想要對各位「婆婆」們說：

「最近聽到有人說：『兒子結婚後我去他們家拜訪，沒想到媳婦就坐在沙發上讓我兒子自己洗碗。真是不要臉的媳婦，氣死我了！』但只要當事人能過得幸福不就好了嗎？請不要干涉已獨立的孩子們的生活。夫妻倆感情好比什麼都重要，所以絕對不要干預他們。」

如果這些話無法對長輩們說出口，那可以在這一頁貼上標籤，放在家中醒目的位置。讓他們知道「這是92歲的人語重心長的一番話喔！」。

最近願意請育嬰假的爸爸變多了，也有很多家庭是夫妻輪流來幼兒園接送孩子。這代表不只有母親，夫妻兩個人會一起思考孩子的事，我覺得跟從前相比真的進步了很多。

也就是說，家庭型態從「媽媽與孩子」有時候有「爸爸」，轉變為「夫妻與孩子」。我認為這不論是對孩子，還是對未來的生活來說，毫無疑問都是一件「好事」。

不管到幾歲還是要做能讓心雀躍的事

我們幼兒園的孩子都對我帶的「體態律動」十分期待與捧場，總是在問：「下次什麼時候可以上課？」但是最近因為腰痛的關係，有時會暫停，孩子們都會表現出很失望的樣子。

前面有稍微提過，我是在40歲以後才開始接觸體態律動，而契機是東京某國立音樂大學寄來的暑期研修簡章。

這個研修必須連續在那邊住一個禮拜，而且我想我都已經40歲了，年齡因素讓我有些退縮，因此猶豫了一陣子……其實這個簡章前年也有寄來，當時也因為相同的理由而放棄。

「啊啊～我又多了1歲了，想一想在從今以後的人生中，我現在是最年輕的時候了，還是試試看吧！」

當我這麼想以後，就決心鼓起勇氣報名了。

我參加這個研修時發現，周圍的同學果然都是20多歲的年輕人。我在他們之中顯得特別高齡。

雖然覺得有點害羞，但是當課程開始，我卻覺得有種似曾相似的感覺。就像在160頁中提過的，我小時候因為有上過石井老師的舞蹈課程，所以出乎意料地很快就上手了。

於是我被體態律動的魅力深深吸引，每個月都會專程去東京或群馬上課。

接著在30年前，我認識了馬淵明彥老師，他是在日本取得體態律動國際證照的第一人。之後我對體態律動更加熱中，心想如果能像馬淵老師一樣用優美的鋼琴聲引導孩子們律動，那一定非常美好。但是我的練習還遠遠不成氣候。

沒錯，雖然我前面說「孩子們十分期待與捧場」，但其實最享受這個過程的人是我。我有很多像這樣十分熱中的事物，所以即便已經90幾歲，每天還是過得很開心。

我想各位都比我年輕很多，還有非常多的「時間」。我在這本書中一直強調「孩子們的想法很重要」，其實大人也是一樣。

當你出現想要做某件事的想法時，請不要畏懼，試著挑戰看看吧！

當你有想學習的事物，就儘管投入並花時間學習吧！

絕對沒有什麼「現在開始會不會太晚？」的問題。因為像你正在讀這本書的瞬間，也是你接下來幾十年的人生當中最年輕的時刻。

那時候我有下定決心進入體態律動的世界，真的是太好了。

92歲，現正青春

不論是工作也好，興趣也好，參與公共事務也好，什麼都可以。只要有讓你覺得有意義的事，就能充滿活力且健康長壽。

我想，如果我沒有從事這個工作，可能在很久以前就成為臥床的老人，也可能早就不在人世也說不定。

不過托各位的福，我每天都過得很忙碌，超過90歲了還是時常連續工作好幾個月沒有休息。假日會來幼兒園，看一看保育士的日誌，並寫上一些意見，也會計算一下薪水。沒有做這些事的時候則會參加「民話故事」、讀書會、演講等各種活動，幾乎都沒有休息。但是，我覺得忙碌總比無所事事好。

保育士的工作其實薪水不高，工作辛苦，也常常會弄得髒兮兮的。

可是，這個工作也有無法計算衡量的魅力與有趣之處。我想只要是在我們幼兒園工作的保育士，應該都能深刻體會。

每一天，孩子們都會對我們展露笑容，我覺得我們在做的事情很有意義，而且也能學到很多。

每當小小的孩子展現出很大的成長，或是原本那麼脆弱的孩子長大後變得獨立、回到幼兒園來看我們時，我都會打從心底覺得「我怎麼會那麼幸福呢？」。我認為這就是人生的意義。

而到了這把年紀，我還是繼續在做保育士的最大理由，大概是因為我真的打從心底覺得小俣幼兒生活團採用的教育理念與方式很好。這都是多虧了我的二兒子，也就是園長阿真。雖然我沒有當著本人的面說過，不過「真的謝謝你發掘出蒙特梭利教育及阿德勒心理學」。

老實說，就算大川家毀了也沒關係。

但是如果沒有小俣幼兒生活團，那我真的會非常困擾。我希望小俣幼兒生活團可以一直持續不斷辦學下去。能夠擁有一個那麼珍貴的寶物，真的很令人感激。

在我丈夫將近20年前去世之後，我就成了一個人。在散亂的家中獨自生活。

但是，回顧我的人生，我認為現在是最幸福的時候。

我清楚了解活著的意義，還有好多好多想做的事，每天都過得很開心。

而且，到了這個年紀就會知道，**如果現在很幸福，那麼以前那些辛苦的事情也會不再覺得痛苦**。因為我現在已經可以坦然接受「多虧有那些經驗，才有現在的我」。

發生過的這些所有的事，綜合起來都讓我感到十分幸福。

接下來我要做什麼呢？接下來能學到什麼？我每天都興奮不已。

「因為我92歲，現正青春。」

後記

常有人問我，帶過那麼多孩子，你最有印象的是誰？

這個問題對我來說真的很困難，歷屆的孩子每一個都充滿個性，十分可愛，要我選出一個人實在做不到。

但是，在我作為一個保育士的過程中，讓我可以不斷端正自己品格和心態的孩子，我會想到小幸。

小幸是一個自閉症的孩子。

「這孩子有重度自閉症。不用想要去治好他，也不需要給他任何教育。只需要讓他待在你們那裡，給母親一些可以喘息的時間。」

當大醫院的女醫生這樣跟我說時，我覺得有點不安。

我那時候應該是45歲左右。那時候與現在不同，對自閉症的研究還沒有什麼進展。

舉例來說，小幸進我們幼兒園的那年夏天，我參加了在東京舉辦的研討會，那時的菁英醫生說：「自閉症是父母教養的問題。」

我在心裡感到懷疑：「是這樣嗎？」但隔年參加同一個研討會的時候，醫生卻說：「自閉症跟教育沒關係，是腦的問題。」

那個時候還是這樣的時代。所以也沒有所謂寫給保育士看的指導書，只能不斷嘗試、不斷從錯誤中學習。我不知道靠自己摸索了多長一段時間。

小幸確實是重度自閉症的孩子，說話只能發出母音，而且只會繞著圈一直跑，基本上難以互相溝通。

而且在幼兒園時期，小幸的爸爸突然過世了。「世界上真的有那麼不幸的事情嗎？」我一時之間無法置信。

小幸他們必須搬出原本的房子，媽媽為了生活需要辛苦工作……而我也想要盡一份力，於是又更加努力在幼兒教育上。

因此在當時……不，直到現在還是有人說：「大川老師一遇到小幸的事，眼神都不一樣了。」雖然身為一個保育士不應該這樣對小幸差別待遇，但我還是會特別關照他。

在小幸畢業搬去別的地方之後，我心裡還是一直惦記著他，常常會脫口而出「小幸他啊……」，我想我還是很擔心他的。

但是在小幸畢業後過了15年，當我在成年式上看到已經長大成人的小幸時，我的擔心完全煙消雲散了。我送他一條領帶，對他說：「你長大了呢！」雖然沒辦法進行普通的對話，但我已經感動不已。

之後又過了28年，在我88歲的慶生會上，大家說：「講到大川老師就會想到小幸呢！」便幫我邀請了小幸一起參加。

小幸現在是一名長距離駕駛員，而且蓋了一間房子與母親同住，貸款甚至是掛在小幸名下。

想到小幸的母親不知道有多高興，我一時之間說不出話。小幸已經可以自立了。

這正是我所說的「開出屬於自己充滿生命力的花」。

小幸很了不起，以一己之力讓我們看見盛開的繁花。

做自己做得到的事、貢獻社會，讓每天過得很充實。

我每次想起小幸，都會感到很幸福。

＊＊＊

至此我跟大家說了很多。不只是關於育兒的事，最後甚至反思我的自身經驗，並且談到夫妻關係的話題（園長可能會生氣）。

如果能夠透過這本書，在教養的過程中帶給各位父母一些幫助，培養出孩子「自由地活著的能力與責任感」，那我真的很開心。希望各位可以把讀這本書所感受到的、想到的、覺得認同的，或是抱持懷疑的地方，都活用在今後的育兒生活當中。

只不過，最重要的還是希望各位爸爸媽媽可以用幸福的心情陪伴孩子成長。育兒過程很不容易，會有「必須振作一點」的壓力，跟「可不能失敗」的氣勢。

但是，還是應該將責任交給孩子，並信任孩子。

不要再緊抓「非得怎樣不可」的想法，並享受這個過程。

我想藉這次出版的機會，向對我的幼教人生給予許多幫助的古川伸子老師、村田保太郎老師、已故的佐伯一彌老師、體態律動課的馬淵明彥老師、日本民話的山本俱子老師，以及其他很多很多的貴人，獻上深深的感謝。

本書是由田中裕子小姐將我說的內容編撰成書，真的讓我感到十分滿足。希望它可以帶給各位育兒中的父母親一些幫助。

2019年9月

小俣幼兒生活團　主任保育士

大川繁子

川繁子

足利市小俣町的私立幼兒園「小俣幼兒生活團」擔任主任保育士。
和2年出生。昭和20年進入東京女子大學數學科就讀。
和21年，因結婚而休學。昭和37年任職於小俣幼兒生活團，昭和47年升任主任保育
後直至今日。
任足利市教育委員、宇都宮裁判所家事調停委員及足利市女性問題懇話會座長等。
俁幼兒生活團創立已70週年，並採用蒙特梭利及阿德勒心理學的理念，大川女士將
50年的歲月都在此致力於幼兒教育。

SAI NO GENEKI HOIKUSHI GA TSUTAETAI OYAKO DE
IAWASE NI NARU KOSODATE

iginally published in Japan in 2019
JITSUMUKYOIKU-SHUPPAN Co.,Ltd.,TOKYO.
aditional Chinese translation rights arranged
th JITSUMUKYOIKU-SHUPPAN Co.,Ltd.TOKYO,
rough TOHAN CORPORATION, TOKYO.

文養孩子，是為了讓他成為更好的大人
吉合蒙特梭利與阿德勒心理學，
日本92歲阿嬤的奇蹟育兒法
21年10月1日初版第一刷發行

者　大川繁子
者　李秦
輯　陳映潔
面設計　水青子
行 人　南部裕
行 所　台灣東販股份有限公司
＜網址＞http：//www.tohan.com.tw
律顧問　蕭雄淋律師
港發行　萬里機構出版有限公司
＜地址＞香港北角英皇道499號北角工業大廈20樓
＜電話＞(852) 2564-7511
＜傳真＞(852) 2565-5539
＜電郵＞info@wanlibk.com
＜網址＞http://www.wanlibk.com
http://www.facebook.com/wanlibk
港經銷　香港聯合書刊物流有限公司
＜地址＞香港荃灣德士古道220-248號
荃灣工業中心16樓
＜電話＞(852) 2150-2100
＜傳真＞(852) 2407-3062
＜電郵＞info@suplogistics.com.hk
＜網址＞http://www.suplogistics.com.hk

Printed in Taiwan, China.
TOHAN